MÉMOIRES DES AUTRES

*****

SOUVENIRS ANECDOTIQUES

SUR LE SECOND EMPIRE

MÉMOIRES
DES AUTRES

PAR

LA COMTESSE DASH

*****

SECOND EMPIRE

PARIS
A LA LIBRAIRIE ILLUSTRÉE
8, RUE SAINT-JOSEPH, 8

MÉMOIRES DES AUTRES

*****

SOUVENIRS ANECDOTIQUES

SUR LE SECOND EMPIRE[1]

CHAPITRE PREMIER

Plusieurs romans. — Une dame et un officier. — Un mari farouche. — Un accident à la chasse. — L'ami confident. — Douleur. — Les lettres. — Vengeance. — Une pièce de vingt francs. — Supplice. — Un portrait très prolongé. — Audace et imprudence. — Départ. — Retour. — Un voleur! — Un coup de fusil. — Singulier dénouement. — Histoire d'un soulier et d'un coup de poignard.

La province était, dans ce temps-là, le théâtre de plusieurs romans assez tragiques; les maris ne plaisantaient pas, et ils n'y allaient pas de main morte pour se venger. J'avais vu, au Mont-Dore, les héros et les héroïnes de plusieurs histoires; je n'ai pas voulu interrompre le récit du voyage, mais le moment est venu de raconter ces aventures.

On me montra une pauvre femme dolente et à moitié morte. On l'avait conduite aux eaux, comme dernière espérance. Quelques mois auparavant, elle avait éprouvé une grande douleur et ne pouvait pas s'en guérir.

Elle habitait un château, dans l'ouest de la France,

1. Le volume des **Mémoires des Autres**, qui précède celui-ci, a pour titre : *Souvenirs anecdotiques sur le Règne de Louis-Philippe.*

non loin de la Bretagne et assez près d'une ville de garnison. Elle recevait ordinairement les officiers.

Parmi eux, il s'en trouva un qui lui plut; elle eut le tort de ne pas le cacher assez; on en parla, et bientôt son mari en fut instruit par les quolibets de quelques bonnes langues.

Il n'en laissa rien paraître; sa femme ne s'en douta pas et ne s'observa pas davantage. L'ouverture de la chasse arriva; elle fut superbe au château; plus de cinquante Nemrods étaient réunis : l'officier et un de ses camarades, son confident, furent du nombre. On partit joyeusement et on se sépara par petites bandes, afin d'être plus à l'aise et de ne pas se gêner mutuellement. La maîtresse de la maison resta au logis, où elle avait plusieurs dames de sa connaissance; et, d'ailleurs, il fallait s'occuper du dîner.

Bien avant l'heure, elle vit arriver l'ami de son amant, pâle comme un linge et paraissant se soutenir à peine; il l'entraîna dans sa chambre; et, d'une voix brisée, il lui demanda si son mari était jaloux.

— Je ne sais, répondit-elle; jusqu'à présent, il n'en avait eu aucun sujet. Pourquoi cette question?

— Mon Dieu, je ne sais comment vous le dire, c'est affreux! Préparez-vous à une grande douleur... Mon pauvre ami... Je l'ai trouvé mort derrière une haie, son fusil déchargé à côté de lui. Je ne lui connaissais aucune envie de se détruire, et rien ne me tirera de l'esprit que M. de*** doit être l'auteur de cette mort.

La malheureuse femme tomba presque évanouie; elle n'eut pas la force de répondre un seul mot.

— Tous les chasseurs l'entourent, ajouta-t-il; on essaie de le rappeler à la vie, ce qui est parfaitement inutile, je ne le sais que trop, moi qui l'ai vu bien avant les autres et qui n'ai pas réussi. M. de*** est le plus empressé de tous. On va rapporter ici le malheureux; j'ai couru devant pour vous prévenir et pour vous sauver, vous qu'il aimait tant; sous prétexte de secours, j'irai à la ville, j'entrerai chez lui, je prendrai vos lettres, car ce soir, quand sa mort sera connue, il sera trop tard. On mettra les scellés, et votre secret deviendrait celui de tout le monde. Or, il n'est déjà que trop souligné. Brûlez vite ses lettres... du courage, madame, et préparez-vous à cette grande douleur; préparez-vous à la lutte, car, ou je me trompe fort ou vous n'avez pas à attendre de votre mari l'indulgence qu'il a feinte pour arriver à son but.

Il la quitta à la hâte. Le temps pressait; il fallait avoir les lettres. La malheureuse était comme folle; elle perdait son amour et, très probablement, la paix de son intérieur. Peut-être son mari la tuerait-il aussi. Il fallait tâcher de cacher, du moins pendant le premier moment, son épouvantable désespoir, car assurément, tous les yeux se tourneraient vers elle. Elle sentit qu'elle n'était pas assez forte et s'enfuit, la tête perdue, jusqu'au bout du parc, à l'endroit le plus éloigné du château; et, cachée dans un fourré, elle fondit en larmes.

Quels moments elle passa là! Qui peut les décrire? Elle y resta jusqu'à la nuit, pendant qu'on la cherchait de tous les côtés et que le trouble et le désordre étaient partout. Lorsqu'elle se décida à quitter sa retraite, elle se glissa comme une criminelle dans l'ombre, avec l'intention de prendre ses bijoux, son argent, et de se sauver sans savoir où elle irait, uniquement pour fuir ce juge terrible qui s'était déjà fait justice à lui-même. En ouvrant le petit escalier qui donnait dans sa chambre, elle vit son mari debout près de son secrétaire ouvert, bouleversant tous ses papiers : il savait tout!

Dans sa douleur, elle avait oublié la recommandation de l'ami, et maintenant il était trop tard pour rien réparer. Malheureusement, il la vit et ne lui laissa pas le temps de se sauver de nouveau; il courut à elle et, la prenant par la main, il la conduisit près du secrétaire, où il lui montra d'un geste les lettres qu'il venait de lire.

Il lui déclara ensuite qu'il ne la regardait plus que comme une femme perdue et qu'il la traiterait comme telle, mais qu'elle lui appartenait, qu'elle portait son nom, qu'il ne voulait pas de scandale et que tout se passerait entre eux. Il lui défendit de quitter sa maison, ajoutant que si elle bravait sa défense, il saurait la retrouver n'importe où, et userait de son autorité pour la faire revenir. Il était son maître, et il le prouverait.

Savez-vous ce qu'il imagina depuis lors? C'est si horrible, qu'à cette époque quelqu'un a mis le fait dans un roman, mais il est exact, et je ne sache rien de plus effroyable. A dater de ce soir-là, où le corps du pauvre officier était encore sous son toit, il vint chaque nuit partager sa couche pendant quelques instants et, en s'en allant, il mettait une pièce de vingt francs sur la table de nuit. Il la traitait en manières et en paroles comme une femme qu'on paie et qui ne mérite aucun égard; c'était un mépris, une ironie si sanglante qu'il eût mieux valu un coup de poignard.

Mme de *** pensa en devenir folle; une femme de chambre dévouée en avisa sa mère, qui vint l'arracher à ce supplice : néanmoins il dura seize mois. Quand je la vis au Mont-Dore, elle était souffrante. Je sais qu'elle succomba, longtemps après.

Jamais M. de *** ne lui avoua son crime. L'instruction fut faite cependant, les médecins entendus; on déclara un accident, le fusil était parti au saut de la haie, car le coup allait de bas en haut. Que s'était-il passé entre les deux hommes? Nul ne le saura jamais, et il n'est pas permis d'accuser sans preuves.

Un autre drame, de la même époque, fit tout autant de bruit; seulement, la vengeance fut plus discrète et mieux cachée.

Ceci se passait dans un pays voisin des Vosges, à la naissance des montagnes. Une baronne de*** alla faire un voyage de quelques jours à Nancy. Elle y vit le portrait d'un de ses amis, admirablement réussi et demanda qui en était l'auteur. On lui indiqua un jeune artiste, incompris à Paris et qui, depuis quelques mois, s'était fixé en Lorraine, où il faisait merveille! Elle voulut le voir, et lui demanda de faire son portrait. Comme elle ne pouvait rester plus longtemps, elle l'invita à venir chez elle.

Il y consentit avec empressement; ils partirent. Le château, fixé dans un bois, était peu fréquenté; on n'y recevait presque personne; le maître, très sauvage, n'y engageait qui que ce fût, et la maîtresse, Parisienne attaquée de nostalgie, préférait rester seule plutôt que de voir des voisins qui l'ennuyaient.

L'arrivée du jeune peintre fut donc une bonne fortune pour elle. Elle se promit de le garder le plus longtemps possible et fit durer les séances beaucoup plus qu'il n'était nécessaire. Peu à peu ils s'accoutumèrent l'un à l'autre; le jeune homme devint amoureux, c'était inévitable, et ce qui l'était encore moins, c'est qu'il fut écouté.

Ils s'aimèrent avec passion; et, comme des insensés, ils ne voulurent plus se quitter un instant. Le portrait n'avançait pas, on le recommençait, disait-on; mais en réalité on n'y travaillait pas; les journées se passaient dans l'atelier à toute autre chose.

Il n'y avait pas de voisins pour en gloser, mais les domestiques ne s'en privaient pas, et l'intendant, sous prétexte de fidélité inébranlable et de devoir rempli, en dit quelques mots à son maître.

Celui-ci ne fit pas semblant de comprendre; il annonça son départ pour le lendemain, en ajoutant qu'il serait longtemps absent, qu'il ne pouvait indiquer au juste le moment de son retour.

— Vous ne me trouverez plus ici, interrompit le jeune peintre; je ne puis continuer le portrait de Mme la baronne, je sens que je ne le réussirais pas; je vais le laisser reposer quelque temps; plus tard je le reprendrai sans m'interrompre et je l'aurai bientôt terminé.

— Oui, c'est en effet le meilleur parti.

Les amants se croyaient décidés à cette séparation. Chaque matin ils se disaient :

— Ce sera pour aujourd'hui.

Et le soir, ils répétaient ensemble :

— Demain?... Il est trop tôt!

Le baron était absent déjà depuis dix jours. Un samedi soir, l'artiste avait promis, juré, que le lendemain, dès l'aube, il s'en irait. Il avait fait ses adieux; on avait pris les précautions nécessaires pour s'écrire sans craindre les indiscrétions. Il était quatre heures du matin, au mois de novembre; il sortait du château ainsi qu'il en avait l'habitude, en escaladant une fenêtre du rez-de-chaussée. Il courait à travers les arbres pour rejoindre un pavillon, qu'il habitait au milieu du parc. Mais, brusquement, il tomba frappé d'une balle.

Le coup de fusil fut entendu au château, de la baronne d'abord, qui regagnait son appartement, après avoir refermé sur son ami la croisée; elle s'arrêta, prise d'un pressentiment terrible; son premier mouvement fut de courir au parc, pour s'informer, pour voir. Comme elle entendait du bruit dans la maison, elle eut peur et courut vers sa chambre. Ce pouvait être un braconnier, ce pouvait être un garde faisant sa ronde et tirant sur quelque animal dangereux. Qui donc aurait osé tirer si près du château? Dans tous les cas, le plus prudent était d'attendre.

Elle se rejeta dans son lit, dont elle répara le désordre, et écouta anxieusement. Au bout de quelques secondes, elle reconnut la voix de son mari qui s'acheminait vers chez elle en grondant. Il ouvrit brusquement la porte, et, avant de lui adresser aucun mot de bienvenue, il lui dit :

— Ma chère amie, je vais chasser tous vos gens; ils vous gardent, singulièrement, le château et vous.

Au moment où j'arrivais, j'ai aperçu un voleur, qui, après une tentative d'escalade manquée, s'enfuyait vers le fourré ; ma foi, j'ai tiré dessus, si je l'ai manqué, tant pis ! On est allé voir ; si ces misérables y veillaient cela n'arriverait pas.

La baronne n'était pas femme à se déconcerter ; le cœur ne dominait pas chez elle ; elle calcula sur-le-champ que, si son amant était mort, c'est que son mari l'avait tué en connaissance de cause, que par conséquent il savait à quoi s'en tenir et que, si elle montrait plus d'inquiétude ou de douleur qu'il n'était naturel, elle était perdue. Elle ne s'attendait pas au dénouement.

Elle se leva et passa une robe. Les domestiques revinrent tout effarés du parc et racontèrent qu'ils avaient trouvé l'artiste, le front percé d'une balle, tout près de son pavillon.

— Oh ! s'écria le baron, vraiment ! c'était ce pauvre homme ? Je suis désolé ; j'ai fait là un mauvais coup, mais je le croyais parti ; si j'avais su qu'il fût encore au château, j'y aurais regardé à deux fois. Voilà votre portrait manqué, madame... Sacrebleu, que je suis fâché ! Cela va me faire une mauvaise affaire. Après tout, il était chez moi, la nuit ; il n'a pas répondu à mon : qui vive ! J'étais dans le cas de légitime défense : je serai obligé demain de faire ma déclaration. Que diable allait-il faire dans le parc à pareille heure ?

Mme de*** s'habillait dans son cabinet de toilette, sans dire un mot ; elle s'étudiait à composer son visage et à remettre ses sens ; elle y arrivait sans trop de peine, sauf un tremblement, que le saisissement expliquait. Elle était seulement très pâle.

Son mari présidait au transport du cadavre dans une pièce reculée. Il revint bientôt et, après avoir un peu causé de l'épouvantable événement, la trouvant sans larmes et presque indifférente, il la regarda pendant quelques minutes, puis il lui dit :

— En vérité, madame, vous êtes sans aucune

excuse, car vous n'aimiez pas cet homme. Vous ne donnez même pas un regret à celui qui vient de mourir pour vous. De bonne foi, j'aurais pu vous pardonner un jour, si je n'avais vu chez vous qu'un égarement de jeunesse et un sentiment de cœur; mais c'est de la perversité. Je suis fâché d'avoir tué ce malheureux. Il fallait le laisser vivre et vous chasser. Ayant manqué l'un, je ne manquerai pas l'autre; je ne veux plus vous voir. Partez demain, allez où il vous plaira. Je vous rendrai votre fortune, à condition que je n'entende plus parler de vous.

Il lui plut de venir au Mont-Dore, où j'étais, où tout le monde racontait son drame, sans qu'elle en fût plus déconcertée pour cela. Elle avait quantité d'aventures, et semblait avoir oublié complètement la victime et le bourreau.

Une histoire parisienne, assez drôle celle-là, se dénoua en ma présence, à ce même hôtel Chabaury où nous étions descendus.

Il s'agissait d'une jeune femme jolie, spirituelle, coquette, à qui l'on donnait cent amants et qui, en réalité, n'en avait pas encore : elle en a eu depuis! Parmi ces amants prêtés, se trouvait un officier démissionnaire de 1830, de très bonne compagnie, portant un nom distingué, apparenté même à la haute noblesse. Il était blond, d'une jolie tournure. Sa physionomie, très fine et très intelligente, promettait beaucoup plus qu'elle ne pouvait tenir.

Il voyait la jeune dame presque chaque soir dans le monde, jamais chez elle, et lui faisait une de ces cours qui sont des pierres d'attente. A un moment donné on peut en effacer les traces, ou bien en construire un monument appuyé sur elles. Il ne lui avait même jamais parlé de cet amour, et elle ne s'en inquiétait guère.

Le blondin avait un cousin, gentilhomme de grande race; c'était un homme d'esprit, celui-là, quoique méchant à emporter la pièce. Un matin, il va chez l'ex-officier, qui était vicomte. Le valet de chambre refusa de l'introduire :

— *Monsieur est occupé.*

— Il n'importe, reprend le cousin, *il faut* que je lui parle.

Le message fut transmis ; après quelques préparatifs indispensables, on introduisit le visiteur dans le sanctuaire. Les rideaux d'un immense lit étaient hermétiquement fermés ; on avait fait disparaître tous vêtements accusateurs. Seul, un petit soulier, digne de Cendrillon, était resté oublié sur le tapis.

Le vicomte nia qu'il eût personne chez lui. En ce temps-là, cela ne s'avouait point, même sans nommer la femme, de peur de laisser des indices.

— Oh ! dit le cousin, je ne te demande pas ton secret, mais voici un soulier qui le trahit : des pieds semblables ne sont pas communs.

Il ramassa la pantoufle ; un nom était écrit en dessous, sur la semelle ; certains cordonniers font ainsi pour mieux s'y reconnaître.

— Oh ! oh ! voilà qui est imprudent, continua-t-il en montrant l'étiquette accusatrice. On voit qu'elle est encore peu usagée, sans cela elle l'aurait effacée.

— Je te donne ma parole d'honneur que tu es dans l'erreur, ce n'est pas cette personne, s'il y en a une.

— A d'autres, tu me la donnes belle ! Sois discret, c'est très bien, mais ne me prends pas pour un idiot.

Le soir même, tout Paris racontait que Mme *une telle* avait été trouvée en criminelle conversation chez le vicomte. On l'avait vue, on en était sûr. Ce fut l'histoire des œufs de La Fontaine. Avant le lendemain, on en avait composé un drame en cinq actes, quatorze tableaux et un épilogue.

La vérité m'oblige à confesser que c'était un insigne mensonge ; jamais le vicomte n'avait été pour elle qu'un danseur attentif. Le cordonnier s'était trompé de nom pour le soulier, ou bien une rivale prévoyante avait imaginé la supercherie, je ne sais ; ce dont je suis sûre, c'est que le fait était faux.

Le monde ne s'arrêta pas en si beau chemin.

Le vicomte se maria sur ces entrefaites. Aussitôt mille bruits se répandirent sur le désespoir, la rage et la désolation de l'abandonnée. Elle avait poussé la folie jusqu'à attendre son infidèle, au coin d'une rue, pour lui donner un coup de poignard. Il n'était pas mort, il en avait été très malade.

Ceci se raconta sérieusement, entre autres à un bal de l'Opéra : ce fut la nouvelle du jour. *L'assassin* s'y promenait tranquillement ; *la victime* fut la première à l'apprendre et en rit beaucoup.

— Si je le vois, dit-elle, n'importe où, n'importe quand, je lui demanderai des nouvelles de mon coup de poignard.

Il partit presque aussitôt son mariage. Elle ne le revit pas; elle lui garda rancune de n'avoir pas démenti sérieusement les sots bruits dont elle était la victime.

En arrivant au Mont-Dore, elle le rencontra au bal. J'étais auprès d'elle.

Aussitôt qu'il la vit, il s'approcha et la salua avec bonne grâce.

— Quoi, lui dit-elle, vous voilà ! Vous n'êtes pas mort?

— Mort ? Et de quoi ? Je n'ai jamais été malade.

— Vous oubliez mon coup de poignard, mon cher monsieur. Quant à vous, cela m'est bien égal, vous savez à quoi vous en tenir ; mais présentez-moi donc à madame votre femme, je serais désolée qu'elle me prît pour une sotte qui fait des tragédies d'antichambre. Je ne suis pas de celles qui ne se consolent pas, et vous n'êtes pas de ceux qui conduisent à l'échafaud. Je sais bien qu'elle en est persuadée, et que cela vous fait un piédestal; j'ai grande envie de l'abattre et j'y vais travailler.

— Oh! madame, je ne vous reverrai plus.

— Vous tenez donc à ce coup de poignard? Eh bien, je vous le donne, et qu'il n'en soit plus question, à condition pourtant que vous ne me le rendiez pas!...

Il fut un peu confus. On les entendait. A dater de ce moment, l'anecdote ne se raconta plus.

CHAPITRE II

Vallée de Royat. — Les sources. — L'église. — Orages. — Les grêlons. — La pluie. — Maisons inondées. — Chasseurs à la nage. — Sinistre à Royat. — Le meunier. — Mort d'un officier du 2e lanciers. — Désastre. — Visite officielle. — Désolation. — Mme Dejean. — Retour à Paris. — Voyage à Jean d'Heurs. — Le parc. — Ses rivières. — Les causes. — La galerie d'armes. — Le maréchal Oudinot. — Son amour exclusif pour les fleurs, les fruits et le gibier. — Ses deux mariages. — Sa seconde femme. — Ce qu'elle était. — Le général Oudinot. — La marquise. — Les autres enfants du maréchal. — Une erreur des légitimistes. — Le général de Lorencez. — Le salon Masjalsky. — Victor Hugo. — Son portrait. — Le petit bonhomme. — Taisez vot' gueule !

J'ai gardé, pour la fin, la vallée de Royat et ses délicieux paysages. Elle est devenue célèbre depuis lors. On y va prendre des bains ; il s'y est construit un établissement qui attire beaucoup d'amateurs.

Les fameuses sources sortent grosses comme une main d'une grotte ; on les y enfermait jadis soigneusement pour les envoyer à Clermont par des tuyaux ; je ne sais s'il en est encore ainsi. Cette eau est claire comme du cristal et d'un goût exquis.

L'église est ravissante, c'est le mot, bien qu'elle soit d'une haute antiquité. Elle est située sur une petite éminence, entourée de beaux arbres. Le presbytère est à côté. Je ne crois pas qu'il y en ait un plus joli en France; moi qui envie le sort des curés de village, c'est bien là que je voudrais être.

La vallée est très étroite, en remontant surtout; il n'y a guère de place que pour un torrent, quelques quinconces, une route étroite et fleurie, et des pentes couvertes d'une herbe fine : c'est sauvage, mais c'est délicieux.

Pendant mon séjour en Auvergne, il y eut plusieurs orages dont le souvenir existe encore chez les habitants, m'assure-t-on, et je le crois. Le premier fut accompagné d'une trombe de grêle. Quelle grêle! C'étaient des morceaux de glace, presque tout plats, taillés comme des cristaux à pointe de diamant. Il y en avait de beaucoup plus grands, plus larges et plus épais que la main d'un homme. On eût dit la démolition d'un palais de glace aérien. Toutes les vitres de la ville furent cassées, des toits furent enfoncés, des vaches tuées, des hommes blessés; on criait à la fin du monde : un vrai cataclysme!

C'était le même jour, à la même heure, que l'attentat de Fieschi (28 juillet, 2 heures et demie).

Le lendemain, nouvel orage, mais en pluie, cette fois.

Il ne s'était pas trouvé assez de vitriers ni assez de carreaux pour réparer le désastre; de sorte que les maisons et les toits étaient à découvert, l'eau entrait à flots; ce fut une inondation, les dégâts furent encore plus graves que la veille; les mobiliers, les effets, furent détériorés. On citait une dame qui, pour aller au Mont-Dore, avait fait venir de Paris une caisse de robes et de chapeaux magnifiques. Lorsque l'orage éclata, elle était sortie, la caisse était ouverte près d'une fenêtre; la femme de chambre, négligente, n'y songea pas. Robes, chapeaux, se mirent à nager par la chambre, ceux, du moins, qui n'étaient pas attachés. L'immersion fut complète.

On juge de la colère qu'éprouva la propriétaire en rentrant.

Quelques semaines après, nouvelle tempête, dont les conséquences furent plus graves encore, surtout pour cette charmante vallée de Royat.

Le torrent, grossi par les pluies et aussi par la fonte de quelques neiges supérieures, s'élança du haut des montagnes et emporta tout avec lui. Les rochers, les maisons, les meules, les usines, les arbres, les récoltes; en une demi-heure, ce paradis terrestre offrait l'image de la destruction et du chaos. L'église seule resta debout.

Un meunier, parti le matin, avec sa charrette et son garde-moulin pour aller chercher du blé dans la Limagne, laissa chez lui sa mère, sa femme et ses cinq enfants, tout cela bien portant, jouissant des douceurs d'une aisance acquise par le travail. Quand il revint, le soir, le moulin, la famille, tout avait disparu. Il ne trouva plus qu'une cascade roulant des débris et des cadavres. Il était désormais seul et ruiné.

Un officier du régiment de M. de Saint-Mars avait été passer la journée chez des amis avec sa femme. C'était un dimanche. On déjeuna bien et l'on vint s'asseoir au bas du torrent, sur l'herbe : la propriété se prolongeait même plus loin, puisqu'au milieu de l'eau se trouvait une sorte de petit kiosque où les dames du logis allaient respirer l'air et travailler au frais.

L'officier, qui voulait fumer sa pipe, s'y rendit seul. Il se coucha sur un divan, prit un livre et s'étendit dans une béatitude complète.

La pluie commença à tomber, le vent mugit, le tonnerre gronda avec un bruit formidable; on cria au lieutenant de revenir. Il ne fit qu'en rire, en demandant pour qui on le prenait. Sa femme et ses amis le supplièrent; en vain lui remontrèrent-ils que dans les montagnes le danger arrivait tout à coup, et que, quand il était certain, on n'avait plus le temps de s'y soustraire. Il s'obstina à demeurer.

L'eau tomba comme une avalanche, et le pont, le kiosque, furent emportés en effet en un clin d'œil.

Le malheureux officier fut roulé sur les rochers et mis en morceaux, devant sa pauvre femme qui poussait des cris déchirants.

Le lendemain mon mari fut appelé pour reconnaître le corps. Le préfet devait également s'y rendre et constater le désastre en y portant des secours. Je les accompagnai ; nous étions à cheval. Ce spectacle affreux ne sortira jamais de mon souvenir ; jamais je ne vis désolation pareille.

Ces lieux, que quelques semaines auparavant j'avais vus si beaux, si riants, n'offraient plus qu'une dévastation immense. Dès qu'on nous aperçut, dès que le nom du préfet eut circulé dans la foule, nous fûmes entourés par les malheureux, qui n'avaient plus ni pain, ni asile. La population tout entière accourut ; les pleurs, les cris, les sanglots, les lamentations retentirent. Tous à la fois demandèrent des secours, des consolations. Tous racontaient leurs pertes et leurs infortunes.

Quelques-uns se mettaient à genoux dans leur délire et voulaient baiser les pieds de nos chevaux, le bas de ma robe ; les mères présentaient leurs enfants, implorant notre pitié. Il eût fallu des sommes énormes pour les soulager tous.

M. Dejean fit ce qu'il put, je le certifie, mais Royat aura dû conserver longtemps les traces de cette épouvantable journée.

Très peu de jours après, je retournai à Paris où je ne fis que passer. Je devais remplir une mission de famille et conduire le plus jeune de mes frères au château de Jean d'Heurs, chez le maréchal Oudinot, où il devait avoir une entrevue avec la petite-fille du maréchal, Mlle de Lorencez [1], sa fiancée. Jamais, je crois, je ne fis un plus drôle de voyage. Si j'écrivais mes

1. Victorine-Charlotte Latreille de Lorencez épousa, en 1835, Ernest-J.-E. de Cisternes de Veilles (1800-1853), frère de Gabrielle-Anne de Cisternes, vicomtesse de Saint-Mars, auteur de ces Mémoires.

propres mémoires, il m'amuserait de le raconter, mais ce n'est pas de moi qu'il s'agit.

Nous arrivâmes à cette magnifique terre de Jean d'Heurs, une des plus belles de France, assurément. Le parc a plusieurs lieues de tour, entouré de murs. Il contient une ferme, une usine; deux rivières s'y promènent et l'on ne saurait voir une plus grande variété de ponts. Il y en a presque tous les dix pas, sur ces eaux torrentueuses, et pas un semblable.

Une des curiosités du lieu était une tour armée de canons[1], donnés par Napoléon Ier au duc de Reggio, un de ses lieutenants les plus braves et les plus éminents.

Quant à Jean d'Heurs lui-même, c'est une ancienne abbaye, ainsi que son nom l'indique. Le bâtiment n'avait reçu aucun changement à l'extérieur et très peu intérieurement. Il se trouvait au premier étage une longue galerie. Était-ce une salle de chapitre, un cloître? je l'ignore. Le maréchal en avait fait une salle d'armes, où il avait réuni des choses très curieuses.

Depuis les premiers de nos ancêtres les Francs, jusqu'aux casques de cuirassiers modernes, tout y était. Des panoplies superbes ornaient les murs, et l'on pouvait apprendre là, comme étude fort approfondie, les différentes façons de tuer son prochain et celles de se défendre contre lui. Cette collection valait beaucoup d'argent[2].

1. Le maréchal avait fait construire dans son parc la tour dite *des grenadiers*, en mémoire des Grenadiers Oudinot qu'il avait commandés de 1805 à 1809. Il y avait placé les canons que lui avait donnés le premier consul, parce qu'il les avait enlevés lui-même aux Autrichiens au passage du Mincio.

2. Après la mort du maréchal, cette magnifique collection d'armes fut acquise par l'Etat et placée dans l'arsenal de Saint-Etienne; les plus belles pièces étaient une armure cannelée et damasquinée, ayant été portée par François Ier à la bataille de Pavie ; une armure complète, toute dorée, ayant appartenu à Montecuculli ; et une armure avec bandes gravées, damasquinées et dorées, ayant appartenu à Godefroy de Bouillon.

Le maréchal Oudinot, duc de Reggio, est un personnage historique. Tout le monde connaît ses hauts faits. Il fut cité parmi les plus illustres de cette merveilleuse phalange, dont la valeur conquit l'Europe entière. Une circonstance remarquable, c'est que, depuis le commencement de sa carrière jusqu'à la fin, il n'alla pas une *seule fois* au feu sans être blessé. Son corps n'était que cicatrices. Il fallait chaque matin une longue préparation pour consolider les nobles restes d'un des plus valeureux soldats du siècle.

Comme tous les hommes accoutumés au commandement absolu, il était brusque, volontaire, impérieux; il n'admettait ni résistance ni raisonnement. Au fond il était bon, obligeant, serviable; il avait un sens juste et un jugement droit[1]. Très galant auprès des femmes, il pardonnait difficilement à celles qui n'acceptaient pas ses hommages, bien qu'il les offrît un peu à la hussarde.

Chez lui, tout marchait au doigt et à l'œil; il avait le despotisme de l'habitude, ce qui ne l'empêchait pas d'aimer tendrement sa famille.

Parmi les petites manies que sa vie passée lui avait transmises, une des plus marquées était l'amour de la propriété poussé à l'excès. Je m'explique. Le maréchal était fort loin d'être avare ; il avait, peut-être, le défaut contraire, mais rien ne le désobligeait davantage que de voir enlever quoi que ce soit du parc de Jean d'Heurs.

Ainsi, l'on ne pouvait cueillir ni fleurs, ni fruits : tout devait pourrir sur pied. Pour faire des confitures, son maître d'hôtel devait faire acheter des groseilles, des cerises, et sa terre en regorgeait.

Quand il avait du monde, il permettait qu'on enlevât aux espaliers des abricots monstres, des pêches grosses comme des petits melons, des raisins exceptionnels, ou des poires dont un quartier suffisait pour deux personnes. Son amour-propre était flatté qu'on le louât,

1. Cf. *Journal de marche du grenadier Pils*, publié par M. Raoul de Cisternes.

mais il regardait de travers ceux qui se permettaient d'y porter la dent. Il fallait voir, admirer : toucher, non.

Il en était de même pour le gibier, dont le parc fermé et gardé scrupuleusement foisonnait. Un coup de fusil le faisait sauter comme une petite maîtresse. Le poisson de rivière était tout aussi sacré !

Le maréchal s'était marié deux fois. Je n'ai pas connu sa première femme. Elle était, je crois, de Bar-le-Duc, le pays d'Oudinot. Jean d'Heurs en est à trois ou quatre lieues.

La seconde, Mlle de Coucy, vit encore. J'ai déjà eu occasion d'en parler, mais sans détail[1].

C'est certainement une des personnes les plus accomplies de ce temps. Elle était fort jolie, distinguée, modeste, bonne, avenante, d'une vertu que nul n'a songé à calomnier, bien qu'elle ait vécu à la cour et dans le plus haut monde, et qu'elle plut à tous ceux qui la voyaient.

Nommée dame d'honneur de Mme la duchesse de Berry, elle tint admirablement cette place, fort difficile. Elle se fit aimer de la princesse, à qui elle n'épargnait pas les respectueux avis, et parvint à ne mécontenter personne.

Elle donnait beaucoup aux pauvres, qui la vénéraient. Quand elle n'était pas forcée de représenter, elle mettait sa maison sur un pied d'ordre et d'économie exagéré qui compensait un peu les grandes dépenses du duc de Reggio, accoutumé à ne pas compter et à soutenir son rang comme il devait l'être.

Sa fortune n'était pas immense ; elle consistait surtout dans les forts appointements que lui donnaient

1. Marie-Charlotte-Julienne de Coucy était la seconde fille de Messire Antoine Nicolas de Coucy, chevalier, seigneur de Humbaume et autres lieux, capitaine au régiment d'Artois, chevalier de Saint-Louis, et de Gabrielle Le Maignan de Mersuay. L'arrière-grand-père de la duchesse de Reggio, Nicolas III de Coucy, par son mariage avec une Bussy d'Ogny, devint petit-fils de Renaud de Coucy, seigneur de Vervins en 1390.

son grade et sa position. Il fallait songer aux enfants et il en avait beaucoup.

Le général était aussi brave que son père. Il avait beaucoup d'esprit, d'instruction, de savoir-vivre. Sa physionomie intelligente et ses façons de bonne compagnie lui donnaient un air de grande distinction.

Il eut une carrière militaire fort brillante, et son caractère obtint l'estime de tous. Colonel des grenadiers à cheval de la garde royale, il resta fidèle à ses princes et donna sa démission en 1830. Il reprit du service en 1835, en Afrique, et fit encore de valeureuses campagnes.

Après la Révolution de février, il commit la même faute que beaucoup de légitimistes et se rallia à la République une et indivisible. Ils croyaient arriver à leur but par ce moyen. Ce fut une funeste erreur; s'ils eussent tenu haut et ferme leur drapeau, s'ils eussent proclamé hautement le roi qu'ils servaient, les événements eussent tourné tout différemment qu'ils l'ont fait.

La saine partie de la nation avait une peur effroyable de la République. Ce mot seul rappelait 93 et la guillotine. Je ne dis pas qu'on eût pris Henri V sans défiance et de bonne volonté, mais on l'eût accepté avec joie dans la crainte de pis. Je le prouverai plus tard.

Quoi qu'il en soit, des légitimistes éminents suivirent la voie contraire. Le général fut du nombre. Il combattit la République romaine, et résista plus tard de toutes ses forces au coup d'État. Arrêté comme ses collègues, il résista plus qu'eux. La disgrâce s'ensuivit; depuis ce moment jusqu'à sa mort, il ne prit plus aucune part aux affaires publiques. Ce fut une perte pour l'État.

Le général Oudinot et le général de Lauriston avaient épousé les deux cousines, Mlles Carette et Minguet, filles de banquiers associés ensemble et puissamment riches.

La marquise Oudinot était une des plus jolies femmes de l'époque, voyant le meilleur et le plus haut monde, fort à la mode et recevant très bien. Elle donnait le ton avec deux ou trois autres dames, pour la manière de tenir les gens et les décors.

Le général a laissé plusieurs enfants.

Sa sœur aînée était mariée au général de Lorencez[1], ancien chef d'état-major du maréchal. Père de ma belle-sœur et du général de Lorencez, commandant la première campagne du Mexique, je le connus en ce temps-là très jeune.

Ses autres sœurs étaient Mme Pajol, la femme du général de ce nom ;

La baronne de Caunan ;

Mme Hainguerlot, belle-fille du riche fournisseur et de la fameuse Mme Hainguerlot, une des beautés du Directoire ;

Mme la comtesse de Vezins.

De Mlle de Coucy, le duc de Reggio eut :

Le colonel Oudinot, tué en Afrique[2] ;

Une autre fille, qui avait épousé le fils du général Perron ;

Et deux fils, plus jeunes[3].

Depuis la mort du maréchal, Jean d'Heurs a été vendu à M. Rattier, riche industriel. L'hôtel de Bar-le-Duc, où nous allâmes célébrer le mariage au mois de janvier suivant, appartient encore à la duchesse douairière qui l'habite.

Cette course en Lorraine fut très courte. Je retrouvai, en revenant, le salon de la princesse ouvert. Elle recevait à Sèvres, l'été ; pour l'hiver, elle s'installa rue de la

1. Le lieutenant général, comte de Lorencez, avait été chef d'état-major du 2e corps de la Grande Armée, commandée par le maréchal, pendant la campagne de Russie.

2. En 1835, à l'affaire de Müley-Ismaïl, à la tête de son régiment, le 1er chasseurs d'Afrique.

3. Le colonel, comte Charles Oudinot, et le général comte Henri Oudinot de Reggio.

Ferme, 21, dans un hôtel que j'ai revu cet hiver avec une véritable émotion.

Là, nous retrouvâmes de nouveaux habitués. C'est le moment de les passer en revue. Commençons par le plus illustre, par Victor Hugo. Il était jeune alors, trente-trois ans à peine, et déjà bien célèbre.

Chef du romantisme, il avait accepté les charges et les honneurs de la position. Comme tous les maîtres d'une secte nouvelle, il avait ses apôtres et ses séides. C'était une vaillante phalange. Ils se seraient fait tuer pour lui et ne souffraient pas même une critique de leur idole.

Son physique n'annonçait pas un novateur, un conquérant. Il était d'une taille moyenne, un peu maigre, très distingué. Il avait de belles mains et de jolis pieds, des dents magnifiques. Le front célèbre, que l'on a exalté et caricaturé avec autant d'excès l'un que l'autre.

Ses cheveux blonds retombaient droits sur ses épaules; à peine si le bout retournait légèrement. Son œil un peu enfoncé avait une expression habituelle de douceur; lorsqu'il s'animait, c'étaient des rayons.

Son teint pâle, ses manières quasi-timides, lui prêtaient une grande jeunesse : on l'eût pris pour un étudiant de première année. Je me rappelle une circonstance qui pourra donner l'idée de la dissemblance existant entre son physique et son écrasante gloire.

J'étais avec des étrangers, qui professaient une sorte d'admiration pour le grand homme. Nous partions pour Choisy-le-Roi, où nous allions dîner, et nous attendions l'heure du train, lorsque je rencontrai Hugo à la gare. Nous causâmes assez longtemps ensemble, et mes compagnons restèrent loin de nous; ils ne nous entendaient pas et commençaient à s'impatienter. La locomotive sifflait déjà pour le départ. Ils craignaient de manquer le convoi et me rappelèrent.

— Mon Dieu, me dit une dame, vous aviez bien

besoin de rester un quart d'heure avec ce *petit bonhomme* pour nous retenir.

Je ne pus m'empêcher de rire.

— Si vous saviez qui est ce petit bonhomme, vous comprendriez facilement pourquoi je me suis arrêtée avec lui. Je vous ai entendu répéter souvent que vous me donneriez bien des choses pour le rencontrer.

— Comment s'appelle-t-il?

— Victor Hugo.

— Comment, si jeune!

Tel était l'effet qu'il produisait toujours à la première vue.

Sa voix avait, et doit avoir encore, un charme inouï. C'était une musique : on l'eût écouté sans le comprendre, rien que pour le son. Il causait admirablement, on n'en doute pas, surtout sur les choses sérieuses.

Ce n'était pas un esprit primesautier, un esprit de mots, comme Dumas; il n'avait pas la gaîté et le brillant de celui-ci. Quand il ne s'intéressait pas à la conversation, qu'elle passait en lieux communs, il ne se donnait pas la peine de la relever. On eût pu très facilement oublier qu'il était là.

Mais, si on sortait des banalités, s'il était à son aise surtout, alors c'était de l'éloquence. On l'eût écouté la bouche béante, en ne se souvenant plus ni des heures, ni des nécessités de l'existence.

Il aimait le théâtre, et y allait presque chaque soir passer quelques instants, même au gros mélodrame, que beaucoup de gens affectent de mépriser.

Il était un soir avec une très belle et fort spirituelle femme, qu'il connaissait bien et appréciait, dans une loge du rez-de-chaussée, à l'Ambigu. Il nous aperçut et vint nous rejoindre. Nous étions très montés en gaîté; il la partagea bientôt, et nos joyeux rires eurent le tort d'éclater hautement devant une tirade du *traître*. Tout à coup, un homme du peuple assis au parterre, tout près de nous, se lève en furie et apostrophant Victor Hugo, qu'il voyait mieux, parce qu'il était debout, lui montra le poing en criant d'une voix étranglée :

— *Taisez vot' gueule !*

Je vous réponds que nous ne cessâmes pas de rire. Une telle apostrophe, adressée en de tels termes, à un tel homme, valait bien la peine qu'on la relevât et qu'on s'en souvînt.

CHAPITRE III

Encore Victor Hugo. — Réflexions politiques sur les poètes. — Son mariage. — Mme Victor Hugo. — Guernesey. — Hauteville-House. — Alexandre Dumas. — Le docteur Koreff. — Son portrait. — Vers de Roger de Beauvoir. — M. de Humboldt. — *Pour le roi de Prusse.* — Mystère. — Sa maison. — Une soirée chez lui. — Meyerbeer. — Don d'ubiquité. — Le général de Marcilly et sa sœur. — Mort de Koreff. — Cagliostro. — Les pilules souveraines. — La petite impression. — Autre anecdote.

C'est une grande, une immense personnalité que celle de Victor Hugo, celle peut-être qui marquera le plus dans ce siècle, après les figures politiques au nombre desquelles je ne veux pas le ranger. Ce côté de son caractère ne m'est pas sympathique. Je n'aime pas à voir son nom au bas de plusieurs pages, si différentes par les opinions, si elles se ressemblent par le talent.

Je n'aime pas qu'un homme de son génie, placé à une hauteur où nul ne peut l'atteindre, ait des haines particulières et les exprime hautement en consacrant ses vers, sa magnifique prose à une vengeance indigne de lui.

Je lui en veux de prendre si peu de souci de sa gloire, qui nous est si chère et si précieuse à nous. Il laisse à ses envieux, à ses ennemis le droit de l'attaquer et avec justice, ce qui est une grande faute, dans sa position surtout.

Hugo comme Lamartine ne devaient point prendre part à nos désordres. Ce sont deux poètes immenses; leur mission est de chanter, de consoler, de défendre les faibles contre les forts, par la seule puissance de leur génie. Les intérêts de ce monde ne sauraient les atteindre; ils planent sur la vie, les yeux levés vers le ciel, et s'ils touchent quelquefois la terre, ce n'est que pour y répandre les perles de leur écrin.

Ils sont et ils seront tout ce qu'il leur conviendra d'être à la tribune. Leur éloquence les fera écouter avec transport; s'ils descendent dans l'arène, ils auront des arguments irrésistibles, sinon par le fond, du moins par la forme. On les louera, on les adorera, puis le jour de l'ingratitude venu, — et il vient toujours, — on les couvrira de boue, ensuite on les oubliera.

Ils avaient une si belle place, pourquoi ne pas la conserver !...

Hugo s'est marié très jeune, on le sait, à Mlle Foucher; ils avaient, je crois, trente-quatre ans à eux deux. Mme Hugo était superbe ; elle ressemblait à une Andalouse. Je la vois encore arrivant à une première représentation, souvent en robe blanche, ses splendides épaules et ses beaux bras attirant tous les regards. Elle se coiffait comme nous toutes avec des boucles tombantes jusqu'à la poitrine, et ces anneaux noirs comme du jais encadraient admirablement son visage, donnaient à son regard un éclat merveilleux.

Elle avait une belle famille. Dieu lui a pris une charmante fille d'une manière épouvantable : elle ne s'en est jamais consolée. Elle a suivi dans l'exil son mari, dont elle fut toujours l'ange tutélaire, pour lequel elle n'eut que des sourires et des caresses et que son admiration divinisa.

Depuis treize ans, Victor Hugo nous a quittés. Il s'est fait à Guernesey un nid délicieux. Sa maison de

Hauteville est une merveille. J'en ai entendu raconter les détails par beaucoup de ceux qui l'ont vue, et tous s'accordent pour la représenter comme un objet d'art inimitable. Rien qu'en la visitant, on devinerait pour qui elle est construite et qui doit l'habiter.

Dumas venait aussi quelquefois chez la princesse. Elle l'aimait beaucoup, mais le monde n'amusa pas mon grand ami ; il cessa bientôt de paraître et ce n'est pas là que je l'ai connu.

Parmi les figures curieuses de ce salon, il en était une remarquable.

Le docteur Koreff, conseiller intime du roi de Prusse, ne ressemblait à rien ni à personne. Je ne saurais le comparer qu'à Cagliostro ou au comte de Saint-Germain. Il les rappelait beaucoup.

D'où venait-il ? Qui était-il ? Personne ne le lui a jamais demandé. Quant à moi, je crois qu'il a toujours vécu, et je ne me figure pas qu'il soit mort.

Jamais on n'eut plus d'esprit et de meilleur aloi ; il n'avait d'un Allemand que le côté sérieux, la volonté. Il savait laisser et reprendre ce sérieux quand il le fallait, et son visage ne pouvait s'y faire. Ce visage, aussi excentrique que le reste de l'individu, ne semblait pas devoir appartenir à un homme grave : il avait du Polichinelle dans les traits.

Ses yeux étaient petits mais scintillants. Ses sourcils hérissés, son nez outrageusement aquilin, ses grosses lèvres, ses joues rebondies et marquées de la petite vérole, sa perruque indescriptible lui donnaient une apparence presque grotesque. Ajoutez-y une taille ramassée et courte, une tenue peu soignée, vous aurez le personnage, parfaitement dépeint, du reste par Roger de Beauvoir, dans les vers que voici :

Ce médecin hoffmanique,
D'un vieux conseiller aulique
A la même didactique :
La tabatière classique,

Et l'ordre à son habit noir.
Il ne guérit que les reines,
Et les royales migraines
Cèdent à son grand pouvoir.

Telle était, en effet, sa spécialité. Il n'était pas en Europe de monarque ou de souverain qui ne lui eût passé par les mains.

Il était Prussien, croyait-on. Quel âge avait-il? On l'ignorait. Je l'ai connu intimement pendant douze ou quatorze ans de ma vie; il n'avait pas en apparence un jour de plus au bout de la dernière année. Avait-il été jeune? Je n'en sais rien, il me semble qu'il devait être né comme cela; en lui tout était extraordinaire.

Il connaissait l'univers entier. On ne pouvait prononcer devant lui un nom, de quelque notoriété, qu'il ne vous racontât l'histoire de ce nom ou de ceux qui l'avaient porté depuis deux cents ans. Et comme il racontait! Il parlait le français le plus pur, le plus fin, avec un admirable accent germanique. Il connaissait jusqu'aux moindres détours de la grammaire et de la langue, en usage dans les salons intelligents et dans ceux de la haute compagnie.

Il allait partout; il ne se donnait pas un dîner diplomatique ou joyeux qu'on ne l'invitât. Il fréquentait la société étrangère autant que le faubourg Saint-Germain ou le faubourg Saint-Honoré. Je ne sais comment il pouvait suffire à tout cela.

Ami particulier de M. de Humboldt, de tous les savants de l'univers, il savait beaucoup aussi, sans aucune pédanterie. Il fallait le chercher pour qu'il se montrât. Si on l'interrogeait, si on avait recours à lui, pour une difficulté quelconque, on était sûr d'obtenir une explication aussi claire que précise.

Il n'était guère le médecin habitué que des très grandes maisons, et il faisait payer très cher ses visites. En revanche, les amis peu riches, les pauvres qu'il ne connaissait pas et qu'on lui signalait le trouvaient toujours disposé à les secourir sans intérêt. Il y mettait un zèle ardent. Je me rappelle un certain malade qu'il sauva et à qui il faisait jusqu'à trois visites par jour, *pour le roi de Prusse*, comme il le disait lui-même très drôlement.

Il avait une immense réputation ; on le consultait de très loin, et cependant jamais médecin ne fut aussi discuté que lui. Les uns le portaient aux nues, les autres le traitaient de charlatan. Il avait des remèdes et des façons de procéder qui lui étaient propres. Ses confrères l'intitulaient un casse-cou, quand ils ne lui donnaient pas des épithètes moins flatteuses.

Il est de fait, cependant, qu'il avait un coup d'œil d'une promptitude phénoménale. Il risquait beaucoup, c'est vrai, mais c'était à peu près à coup sûr. Quand le patient était guérissable, quand il ne l'était pas, disait-on, quand tous l'abandonnaient, il tentait l'impossible. C'est vrai, et il obtint souvent une réussite. Il eut ainsi dans sa carrière quelques duels sans merci avec la mort, dans lesquels il remporta la victoire. On voulut y voir du surnaturel. Il n'y avait que de la science, de la hardiesse et du bonheur.

Sa femme, un des types les plus complets de la beauté juive en miniature, eut à cet égard un joli mot. Quelqu'un lui demandait quelle était la spécialité du docteur.

— Ce sont les cas désespérés, répondit-elle.

Et rien n'était plus juste.

Koreff fut très méconnu, très calomnié. Il était très bon et très serviable, j'en ai vu mille exemples. Un procès dont on parla trop lui donna mille succès. Des raisons particulières me défendent de m'expliquer à cet égard. Il y aurait cependant des choses très étranges à dire et des épisodes curieux à révéler. Je ne le puis.

Le mystère qui l'entourait contribuait à sa renommée ; en même temps, il laissait un champ très vaste aux conjectures malveillantes. Ce mystère était plutôt en apparence qu'en réalité. Il n'y prêtait pas exprès ; rien dans sa conduite ni dans ses paroles n'autorisait à y croire. Il ne semblait cacher quoi que ce fût. Il avait au contraire une foule d'anecdotes sur lui et les autres, et n'en demandait pas le secret.

Très discret pour les confidences, surtout pour ce qui touchait à la politique, il lâchait à propos un mot qui, sans rien dire, montrait qu'il était instruit. Il gagnait beaucoup d'argent et le dépensait de même. Je n'ai jamais vu chez lui qu'une soirée et rarement pareille réunion put avoir lieu, je l'assure.

Il habitait une sorte de pavillon dans la rue Basse, donnant sur le boulevard, un peu plus bas que la rue Caumartin. C'était une cage aussi singulière que lui-même.

Un seul étage, une terrasse, un salon ouvert sur cette terrasse par une sorte de rotonde vitrée. Puis son cabinet, entouré de livres écrits dans toutes les langues, depuis le chaldéen et le sanscrit jusqu'à l'argot de la cour des Miracles. Pour monter, un escalier si étroit qu'à peine y pouvait-il passer. Le reste du logis occupé par le gynécée et le service, voilà tout.

Cette soirée dont je parle, et où les premiers artistes vinrent faire de la musique, fut donnée dans ce petit local. Il y avait autant de monde sur l'escalier et dans le corridor que dans les appartements. Nous étions de deux à trois cents personnes ; on ne pouvait remuer.

Toute l'aristocratie étrangère, quelques Français, tous les gens de lettres, les artistes, les célébrités étaient là.

On coudoyait en même temps un prince et une cantatrice, une marquise et un poète. Il en fut ainsi jusqu'à deux ou trois heures du matin. Il eût été impossible, par exemple, de rendre compte des toilettes ; on en voyait que les têtes tout au plus.

Meyerbeer était fort lié avec Koreff ; il le fréquentait souvent et en faisait grand cas.

Cet habile homme, — il était très habile de toutes les manières, — cet habile homme, donc aimait énormément les femmes. On assure que, malgré sa laideur, il eut beaucoup de bonnes fortunes et exerça de grandes séductions. Je conçois bien celles de l'esprit, mais les autres ?...

Il s'occupait spécialement du sexe gracieux. Il avait toujours quelques petits remèdes anodins, et nombre de secrets pour conserver la beauté et la jeunesse. On lui faisait la cour pour les obtenir, et il n'était pas cruel, je vous en réponds.

Koreff aimait les arts et s'y connaissait. Il eût volontiers joué le rôle de Mécène, s'il en eût eu le loisir. A peine dormait-il, et il fallait que cela fût ainsi. Il visitait l'univers toute la journée ; il dînait chez tout le monde, il fréquentait les salons littéraires et cependant il connaissait toutes les pièces nouvelles ; il avait lu tous les journaux, dévoré le roman du jour, assisté aux séances des sociétés savantes, causé avec tous les débarqués de la ville un peu intéressants. Il répétait tous les bons mots, connaissait les nouvelles du matin même, devinait celles du lendemain. La politique, dont il parlait peu, lui ouvrait ses secrets. Enfin, il ne volait pas une mouche, une belle dame n'avait pas une faiblesse, une comédienne ne changeait pas d'amant, un roi n'avait pas mal à la tête, sans qu'il le sût avec tous les détails.

Là, était pour moi la sorcellerie : il avait assurément le don d'ubiquité. La démolition de sa maison lui fut très sensible. Il dut la quitter pour faire place à l'agrandissement du boulevard.

Koreff mourut subitement, il y a quelques années, sans avoir été malade.

Ceux qui persistent à faire de sa vie une légende disent que son pacte était expiré, et que Satan est venu réclamer sa proie.

Ceci est une plaisanterie, bien entendu.

Je ne puis disconvenir qu'il n'y prêtât, et que l'imagination ne peut se figurer en lui un des types célèbres qui ont marqué parmi les existences mystérieuses. Je lui disais quelquefois, en riant, qu'il était Cagliostro.

— Eh! eh! je l'ai peut-être connu, répliquait-il en me lançant un de ces regards qui perçaient à jour.

Il est certain que je n'en sais pas davantage et que je voudrais bien le voir revenir, s'il se peut, au prix d'un pacte quelconque. On ne rencontre plus d'hommes comme celui-là.

On lui prêtait mille anecdotes, entre autres les fameuses pilules. Il avait une façon d'enjôler les malades et de leur persuader qu'il les guérirait. C'était déjà la moitié de la guérison.

Une jolie princesse russe avait des vapeurs; elle l'envoya chercher et, comme de coutume, il tenta de lui persuader qu'elle n'était pas malade, ce qui était l'exacte vérité. Elle se mit en colère et répliqua qu'il n'y connaissait rien. Il comprit la position, avec cette promptitude et cette justesse d'esprit qui lui était particulière.

— Eh bien, princesse, j'ai tort, j'en conviens; je vous ai traitée comme une femme ordinaire, j'ai voulu vous cacher votre état, je vois que vous êtes forte et je vous dirai tout. Vous avez très bien fait de m'envoyer chercher tout de suite, je puis conjurer le mal; demain il eût été trop tard. Je vais vous donner des pilules merveilleuses, le seul remède en pareil cas. Ce soir vous serez complètement débarrassée, en en prenant six toutes les deux heures. C'est une substance presque impalpable et très rare, je dois l'envelopper dans une autre substance pâteuse qui ressemble à de la gomme. Mettez les pilules l'une après l'autre dans votre bouche et laissez fondre, buvez ensuite un grand verre d'eau acidulée d'un peu de vinaigre, avec un peu de sucre. Vous ne prendrez qu'un potage maigre, mais après la dernière pilule, vous vous coucherez, vous dormirez bien, et demain matin il n'y paraîtra plus.

La jeune femme, un peu émue d'être prise au mot et

de se trouver si malade, lui demanda timidement le nom de cette affection subite. Il lui en forgea un sur-le-champ, moitié latin, moitié tudesque, quelque chose d'impossible à prononcer, même pour des lèvres russes qui prononcent tout.

Il envoya religieusement les pilules, l'ordonnance fut suivie non moins religieusement, et tout arriva comme il l'avait prévu. Le mari de la princesse se montra fort étonné, en rentrant, du danger de sa femme : il fallait bien y croire, Koreff l'avait dit!

Épouvanté, il courut chez le grand médecin et le supplia de lui tout dire. Celui-ci raconta le fait tel qu'il s'était passé.

— Rassurez-vous, mon prince, tout cela ne vaut pas la peine d'en parler; la princesse s'éveillera demain fraîche et rose, mes boules de gomme feront merveille.

— Je vais sur-le-champ lui dire la vérité.

— Gardez-vous-en bien, vous dérangeriez tout le fruit de ma cure. La princesse n'aurait plus aucune confiance en moi. Son moral seul était malade, j'ai traité et guéri son moral. Si elle connaissait ma médication innocente, elle s'en irriterait et pourrait bien tomber malade tout de bon. Croyez-moi, pareille circonstance se représentera inévitablement, ne m'ôtez pas ma puissance; on aura encore recours à mes pilules; ne les déconsidérons pas, elles vous rendront plus d'un service.

Le prince se rendit facilement, et tout se passa à merveille. La jeune femme fut guérie et répéta à qui voulait l'entendre le *miracle* opéré par Koreff. Il l'avait sauvée d'une maladie dont le nom seul faisait dresser les cheveux.

Sa réputation grandit de ce danger terrible. Certes, c'était de bonne guerre; la malveillance s'en empara et ce fut là un des griefs reprochés au docteur, qui lui firent si bénévolement appliquer l'épithète de « charlatan » par ses envieux.

Je pourrais raconter vingt autres faits, je n'en citerai qu'un. Je le tiens de Koreff lui-même. Il a un certain air de roman, qu'il savait ménager mieux que personne et qui causait involontairement ce qu'une femme d'esprit appelait sa petite « impression ». On frémissait, on avait peur, on en était bien aise.

Il n'avait pas encore sa grande réputation. Il arrivait à Paris et n'était pas décidé à s'y fixer. Le hasard d'un dîner pris sur la même table, dans un café, l'avait mis en relation avec un jeune homme de grande famille qu'il ne nommait pas et que je connaissais, ajouta-t-il.

Une nuit qu'il travaillait encore, on frappa chez lui; il ouvrit, bien entendu. C'était sa nouvelle connaissance, dont l'air et la tenue sévère et grave contrastaient avec sa légèreté habituelle. Il lui demanda s'il consentirait à lui rendre un service important, dont la condition première et absolue était une discrétion à toute épreuve, à présent et plus tard, quoi qu'il arrivât.

— C'est mon état, répondit le docteur.

Le jeune homme le pria alors de le suivre à l'instant, sans lui demander où il le conduisait; il l'assurait seulement que rien de préjudiciable ne lui arriverait, et que c'était pour remplir un devoir de sa profession.

— Soyez tranquille, ajouta-t-il avec un mélancolique sourire, il n'y a pas de femme à accoucher ni d'enfant à faire disparaître.

Koreff accepta. Ils montèrent dans une voiture attelée de chevaux de poste et partirent. Après quatre heures de route, comme le jour se levait, ils arrivèrent à un château, bâti au XVIIe siècle. Une cour déserte le précédait, l'herbe poussait partout : c'était l'image de la désolation, une magnificence détruite, un lieu abandonné.

Il fallait entendre le spirituel Prussien décrire cette demeure sans maître; Balzac n'était ni plus exact, ni plus intéressant, et comme il avait peur de s'être laissé aller à trop de détails, il ajoutait :

— Vous ne la retrouveriez plus, la bande noire l'a achetée et il n'en reste pas un pieu.

C'était peut-être vrai ; toutefois, il était permis d'en douter.

CHAPITRE IV

Continuation de l'histoire du duel. — Discrétion de Koreff. — La baronne de Meyendorff. — Son mari. — Son hôtel. — La comtesse Kisseleff. — Histoire de sa conversion. — Le diable et sa morsure. — Les tables tournantes. — Le Père Ventura. — Son opinion sur les spirites. — Le comte Kisseleff. — Lafond. — *Le Soupir, la Larme.* — Mme Lafond. — M. de Chateaubriand. — MM. Lafond fils. — De beaux vers. — Lassailly. — *Les Précieuses ridicules.* — Le faux nez. — Almangor. — Mme Emile Deschamps. — *Les taupes; les roueries de Trialph.* — Roman d'un poète. — La comtesse de Magnencourt. — Le comte de Tracy. — Le comte Anatole de Montesquiou. — L'extase finale.

On l'introduisit dans une salle immense presque démeublée, dont les boiseries tombaient en lambeaux. Cette salle était si vaste que la voix y retentissait comme sous une voûte. Il y faisait un froid glacial; on alluma du feu dans une des vastes cheminées. Il n'y avait là qu'un vieux domestique aussi décrépi que les meubles.

Une demi-heure après, le fouet d'un postillon se fit entendre, une seconde voiture entra dans la cour, deux hommes en descendirent; dès qu'ils parurent, l'ami de Koreff alla au-devant d'eux, les salua cérémonieusement. Il se retourna ensuite vers le docteur et lui dit, en lui montrant un des nouveaux venus :

— Monsieur et moi nous allons nous battre, l'affaire ne peut pas s'arranger, seulement elle doit demeurer secrète, et sa cause en restera impénétrable, même pour nos témoins. Soyez le mien et ne cherchez pas à vous mettre entre nous, jusqu'à ce que l'un des deux soit tout à fait hors de combat. S'il n'est pas entièrement mort, vous pourrez essayer de le rappeler à la vie ; ceci ne vous est pas interdit, ne fût-ce que pour pouvoir recommencer la partie plus complète une autre fois, mais vous ne pouvez intervenir sous aucun prétexte, avant que l'un de nous soit tout à fait incapable de continuer.

On se mit en place, et l'on se battit avec des épées que les derniers arrivants avaient apportées.

L'autre témoin et Koreff restèrent impassibles, suivant leur promesse. Jamais Koreff ne parlait de ce duel sans émotion ; une chose épouvantable, dans cette grande salle nue, qui probablement avait déjà vu bien des drames et des fêtes aussi. Les combattants se hachèrent ; ils se percèrent mutuellement de bien des coups d'épée, dans le plus grand silence ; on n'entendait que le bruit de leurs armes et de leur respiration haletante ; pas un mot ne fut prononcé, pas un cri ne leur échappa.

Enfin, le champion du docteur tomba le premier ; l'autre le suivit de près ; la chambre et les murailles étaient couvertes de sang, qui avait jailli de toutes parts. Le médecin parut alors et le témoin s'effaça ; son ami était moins grièvement atteint. Cependant il ne désespérait pas : les blessures étaient très graves, très dangereuses, sans que la mort fût certaine, et prochaine surtout.

On improvisa des lits à peu près, dans ce château démeublé, et, grâce aux précautions qu'il avait prises, d'apporter ses instruments, le docteur put les soigner. Aussitôt que cela fut possible, on les ramena chez eux, mais séparément, et chacun dans sa voiture, car l'idée seule de se voir les faisait bondir. Ils ne moururent ni l'un ni l'autre ; néanmoins, ils ne recommencèrent plus.

Koreff resta l'ami de l'un et de l'autre; il prétendait n'avoir jamais su le motif de leur querelle. Un des deux était marié et, probablement, sa femme n'était pas étrangère à la haine mutuelle qu'ils se portaient. Il devait y avoir de l'amour et de la rivalité sous jeu. Je crois bien que le docteur ne l'ignorait pas, bien qu'il n'en voulût jamais convenir.

Je continue la galerie, elle est loin de tirer à sa fin.

Une femme de la société, artiste par ses goûts, était alors dans tout l'éclat de sa beauté, la baronne de Meyendorff. Elle ressemblait beaucoup aux portraits de Raphaël; ses beaux traits un peu plus prononcés que ceux des femmes en général, ses grands yeux limpides, sa haute taille, ses bras et ses épaules de formes luxuriantes, ses cheveux noirs, lui donnaient un aspect imposant. Elle avait de l'esprit; elle peignait déjà, avec un talent qui s'est beaucoup développé depuis. Le portrait de M. le duc d'Orléans, qu'elle faisait justement à cette époque, était d'une ressemblance remarquable et très bien réussi.

Son mari, attaché à l'Ambassade russe, était rarement à Paris. Elle s'y est fixée tout à fait; elle a fait construire un hôtel, au faubourg Saint-Germain, dont l'architecture singulière et artistique est fort connue. La baronne est devenue l'émule de nos plus dramatiques comédiennes de salon, et dit fort bien les vers.

Une autre habituée de la rue de la Ferme était la comtesse Kisseleff. D'une taille très au-dessus de l'ordinaire, elle était fort belle néanmoins, ce qui est rare. On la citait pour son esprit.

Depuis, elle devint catholique romaine, et l'histoire de sa conversion est assez étrange pour qu'on puisse la raconter. Elle m'a été donnée pour certaine par des personnes dignes de foi, entre autres le père Ventura, qui y joua un rôle et qui m'assura avoir tout vu.

La comtesse aime le jeu; c'est sa distraction favorite; elle était depuis quelques jours dans une très mauvaise veine et s'impatientait fort de sa fortune contraire.

Lors de la première invasion des tables tournantes, elle s'en occupa beaucoup; il ne se passa pas de jour qu'elle ne les fît parler; elle s'était mise en relations avec de mauvais esprits, bien qu'elle en eût évoqué de bons, ce qui arrive souvent à ce qu'il paraît.

Ce soir-là, elle eut envie de consulter l'oracle et demanda avant de se rendre dans la maison où elle faisait sa partie, qu'on lui indiquât un numéro gagnant; elle promettait de mettre ce numéro avec une foi entière.

Le numéro fut indiqué par la table avec beaucoup de précision. Non contente de cette manifestation, il lui prit envie d'en obtenir une autre. Elle pria l'esprit de lui envoyer une révélation plus positive de sa présence et de lui donner une marque certaine de son pouvoir. Aussitôt elle ressentit une très vive douleur au poignet gauche, et en relevant sa manche, elle y découvrit la marque d'une brûlure.

Ceci la frappa vivement, cela se conçoit; elle partit très sûre de son fait et plaça une très grosse somme sur le numéro indiqué. Elle gagna, comme de raison; elle gagna encore les jours suivants, renseignée par l'esprit; elle en arriva non seulement à récupérer les pertes mais encore à un bénéfice considérable.

Alors le remords la prit, sa conscience murmura, elle se demanda si cet argent lui appartenait bien légitimement et si elle n'en devait pas la restitution à quelque bonne œuvre, car elle ne l'avait acquis qu'avec la participation de Satan, devenu en même temps son esclave et son maître, puisqu'elle portait la marque de son étreinte. Elle évoqua donc, avec une foi vive, une autre puissance, celle de Dieu ou de ses anges. Il en vint une, — tout porte du moins à le supposer. Ce nouveau protecteur la confirma dans ses sentiments; il lui répéta que son gain était un don de l'enfer, qu'elle était sous la coupe du diable et qu'un seul moyen lui restait de mettre un terme à cette possession.

C'était d'aller à Rome demander l'absolution au Pape, de se faire catholique romaine et de faire bâtir, avec le trésor infernal, une chapelle sous le vocable de son saint patron.

La place lui était indiquée. Il existait, à un endroit désigné, un terrain vide, inconnu, enfoui sous des décombres : c'était là que devait s'élever le temple nouveau.

Mme de Kisseleff fut tourmentée de cet ordre, non seulement par la table mais par des songes ; c'est alors qu'elle alla consulter le père Ventura, déjà dans toute la vogue de son succès d'éloquence sacrée, et lui soumit la difficulté de sa position.

Fallait-il croire? Devait-elle agir sous la pression de ces conseils peut-être fallacieux? Devait-elle prendre une résolution aussi importante que celle de changer de religion, de renoncer à la foi orthodoxe professée par tous les siens, rien que pour obéir à des ordres imaginaires peut-être? Ce qu'elle lui demandait surtout, c'était son opinion sur la réalité de la fortune spirite ; une fois éclairée à ce sujet, elle consulterait sérieusement sa conscience sur ce qu'il lui restait à faire.

Le père Ventura, l'un des plus illustres philosophes chrétiens de ce siècle, avait un système très arrêté à l'endroit des tables. Il adoptait l'avis de Tertullien et d'Origène, et les regardait ainsi qu'eux comme l'œuvre du démon. Je le lui ai entendu dire très souvent. Il ne doutait pas de la réalité des phénomènes ; il s'y était exercé plusieurs fois, et il avait obtenu, aidé par d'autres ecclésiastiques et personnages religieux, des résultats très convaincants.

Il avait à cet égard une opinion positive et inébranlable : loin de rire des évocations, il les redoutait et les défendait très sérieusement aux personnes dont l'imagination, susceptible de s'exalter, pouvait les conduire à des actes repréhensibles et à l'oubli de leurs devoirs, par suite d'une mauvaise direction.

Il engagea Mme de Kisseleff à faire une attention sérieuse à ce qui se passait. Elle avait un moyen de vérifier la réalité des faits, c'était d'écrire à Rome ou d'y aller elle-même, si elle le pouvait. Elle s'informerait de l'existence de ce terrain désigné, ancienne chapelle oubliée, suivant le dire de l'esprit, et où l'on découvrirait encore des traces d'une antiquité très reculée. Si cela était réel, le reste l'était aussi. N'avait-elle pas d'ailleurs au bras la marque brûlante de la griffe infernale qui ne s'effaçait pas.

La comtesse suivit ce conseil et se mit en route. Arrivée à Rome, sa première démarche fut de chercher la place de son futur monument. On lui répondit d'abord qu'on ne connaissait rien de semblable; comme elle insistait et demandait des recherches, on finit par découvrir les ruines désignées, le terrain, et par savoir l'histoire de cette ancienne église, dont nul ne se souvenait plus.

Il n'y avait pas moyen de révoquer le fait en doute; il était là, palpable, certain, il ne restait plus qu'à s'humilier. La comtesse alla se jeter aux pieds du Pape, qui reçut son abjuration, lui donna l'absolution complète et lui permit de bâtir son petit monument. Elle lui promit en retour de cesser toutes relations avec les esprits et, assure-t-on, de jouer.

A dater de ce moment, la brûlure disparut; il n'en resta plus vestige.

Cette aventure courut tout Paris, à l'époque où elle se passa, c'est-à-dire vers 1855 ou 56, je ne me le rappelle pas bien précisément. Je ne sais ce qu'il en est advenu depuis. La comtesse est-elle restée romaine? A-t-elle renoncé aux esprits et aux cartes? Quoi qu'il en soit, ce que je viens de raconter n'en est pas moins exact, quant au récit du moins.

Le comte de Kisseleff occupa depuis un poste diplomatique très élevé; il est resté fort longtemps à Paris, comme ambassadeur de Russie, et il est connu dans toute l'Europe, par son esprit, son habileté, son savoir-vivre et son mérite éminent. Nous le voyions alors très souvent dans les salons de la princesse Masjalsky : il aimait à causer, il causait à merveille, et trouvait là des partenaires dignes de lui.

La princesse avait intimement connu à Pétersbourg le célèbre violoniste Lafond et sa femme ; celle-ci était restée dans son intimité. Quant à l'artiste, il venait quelquefois, rarement. J'ai pourtant été assez heureuse pour l'entendre et chanter et jouer. Il chantait avec son archet de façon à arracher des larmes, et tout aussi bien avec la plus mauvaise voix du royaume.

On doit se rappeler de délicieuses romances de sa composition. *Une Larme! le Soupir* étaient ravissants, et bien d'autres encore.

Mme Lafond avait une très belle voix, moins belle pourtant que ses yeux et son visage. Lorsque je l'ai connue, elle avait plus de la quarantaine; on lui en aurait donné à peine trente. Dans un salon, elle produisait un tel effet qu'on la remarquait avant les femmes de vingt ans.

Elle avait de fort beaux bijoux, et s'arrangeait admirablement à l'air de son visage. Bien des années se sont écoulées depuis ce temps-là ; je la voyais de loin l'hiver dernier aux Italiens, toujours mise à ravir, avec un bonnet délicieux; elle me fit une illusion complète; c'est une étonnante conservation, et si on ne le savait pas, on ne pourrait croire à son âge.

Elle eut pendant plusieurs années, parmi ses amis, M. de Chateaubriand. C'était avant son absorption absolue par l'Abbaye-au-Bois. Il allait chaque jour chez elle, ce qui prouve en faveur de son esprit : un homme tel que celui-là ne pouvait se complaire longtemps chez une personne inintelligente.

L'aîné des fils de Mme Lafond était né à Pétersbourg; l'empereur Alexandre fut son parrain et la princesse Masjalsky sa marraine. Je ne sais plus si c'était lui ou son frère qui faisait des vers et fort bien. J'ai sous les yeux une sorte de satyre sur les mœurs du temps, très bien pensée et rimée très poétiquement.

Les deux frères sont dans la diplomatie.

La princesse était très bonne, mais Elim avait un cœur d'or; s'il eût eu une grande fortune, il en eût donné les trois quarts; avec ce qu'il avait, il faisait le plus de bien possible.

Saint-Félix lui annonça un jour un pauvre écrivain, bien connu de notre génération et dont il est encore question quelquefois maintenant, Charles Lassailly. Cet homme était un vrai type; je n'en vois plus de cette sorte.

Il ne manquait pas de talent, mais il avait encore plus de misère, malheureusement, et menait la vie de Bohème, dans l'acception poétique du mot. C'était alors un homme d'une trentaine d'années, assez grand, maigre, pâle, noir, l'apparence et la réalité d'un affamé, doué d'un nez fabuleux, qui lui composait une figure en coin de rue. La forme et la dimension de ce nez étaient étranges. Un soir, nous jouiions chez la princesse les *Précieuses ridicules;* il tenait le rôle d'Almanzor et Dieu sait comme! Le nez était si extraordinaire qu'on le crut en carton et ajouté pour la circonstance. Mme Emile Deschamps ne voulut jamais l'accepter pour vrai, le voyant pour la première fois.

— C'est un faux-nez répétait-elle.

Il fallut lui montrer le *porteur*, après la pièce, et de près : encore n'était-elle pas sûre de son fait.

Ce malheureux Lassailly n'avait ni feu ni lieu ; je lui ai entendu raconter qu'il avait habité, une fois, un cabriolet de place, pendant vingt-quatre heures, faute de savoir où coucher et aussi faute d'argent pour payer le cocher. Il finit par trouver, dans un journal, un petit travail qui lui permit d'éteindre sa dette et de s'établir dans un garni. Quand il avait faim, et cela lui arrivait souvent, il écrivait un feuilleton pour vingt-cinq sous!

Il composa deux ouvrages suivant l'exagération la plus extravagante du romantisme. *Les Taupes ou la critique du soleil* et *les Roueries de Trialph*. Les roueries! lui, Lassailly, un roué! La femme la plus niaise lui aurait fait voir des étoiles en plein midi.

Quant au premier ouvrage, je ne sais s'il a paru, je ne l'ai jamais vu imprimé, mais il nous en débita des fragments et, détail curieux, ainsi que le titre l'annonce, c'était un souvenir d'Aristophane et une satyre contre ce temps; il y avait un peu de folie dans cette affaire-là.

Eh bien, ce pauvre garçon, si laid, si peu soigné, si inélégant, eut aussi son roman de cœur, et des plus poétiques, vous allez en juger.

Un soir, il était aux Italiens; un journal lui avait donné une place pour qu'il fit un article. Il y était habillé à sa façon; sa mise produisait un vrai contraste avec celle des élégants du jour, bien qu'elle fût moins ridicule qu'elle ne l'aurait été aujourd'hui.

Dans un entr'acte, en faisant de l'œil le tour des loges, il aperçut une jeune femme brune, élégante, ayant des yeux superbes, le visage allongé, portant des cheveux noirs en bandeaux lisses, un peu renflés du bas. Il la trouva ravissante, et sembla recevoir un coup dans le cœur.

Il s'informa de son nom : c'était la comtesse de Magnencourt, fille du comte de Tracy, gendre de Lafayette.

M. de Tracy était un homme distingué, un homme d'esprit, de fort bonne compagnie; je l'ai souvent rencontré dans le monde, ainsi qu'un autre seigneur de la cour de ce temps-là, dont je n'ai rien dit et je veux réparer cette omission.

C'était le comte Anatole de Montesquiou, chevalier d'honneur de la reine Amélie. Avant 1830 il l'avait été de Mme la duchesse d'Orléans.

On ne saurait être plus gracieux, plus aimable, plus spirituel. Il avait une charmante tête, bien qu'il ne fût plus jeune; ses cheveux blonds frisés, sa physionomie gaie et *éveillée* lui prêtaient de la jeunesse. Il avait composé des fables charmantes et faisait de très jolis vers. Il est mort, je crois, depuis plusieurs années.

Revenons à Lassailly et à son poème.

Il devint amoureux de la comtesse à sa première vue, et cette passion fut sur-le-champ poussée à l'extrême. Ce n'est pas une métaphore de dire qu'il ne vécut que pour elle.

Cette pauvre existence, si éprouvée, se concentra sur une pensée unique, non pas qu'il eût même l'idée d'être aimé, d'être remarqué seulement par elle, il ne l'eut pas voulu. Ce fut un culte, une idolâtrie.

Il ne cacha à aucun de ses amis ce sentiment nouveau; il ne compromettait aucunement celle qui en était l'objet. Lorsqu'il avait détaillé tous ses charmes, lorsqu'il avait dépeint en traits de feu cet amour qui le dévorait, il ajoutait tristement :

— Elle ne sait même pas que j'existe et ne le saura jamais.

Ce n'était plus pour sa nourriture, pour son gîte qu'il travaillait, l'un et l'autre étaient devenus accessoires : il réunissait ses pauvres salaires après avoir mangé un morceau de pain sec dans un coin et il achetait les plus beaux bouquets possibles, qu'il envoyait chez la comtesse. Il connaissait ses jours de loge à l'Opéra, aux Italiens, et il y était *devant que les chandelles soient allumées*. Pendant tout le temps de la représentation, il s'enivrait du bonheur de la voir.

Pendant le jour, il s'établissait en face de chez elle, contemplait ses fenêtres, attendait l'heure de sa sortie, la regardait passer, si elle était en voiture, s'en allait tristement et revenait pour l'heure de la rentrée : il savait parfaitement ses habitudes.

Si elle était à pied, il ne se serait pas permis de la suivre; il restait là jusqu'à ce qu'elle revînt, et quand elle paraissait, son cœur battait à tout rompre ; aussitôt qu'elle avait refermé la porte, il couvrait de baisers ce marteau que ses mains avaient touché.

Il est facile de comprendre qu'un tel amour dans une tête déjà faible, mêlé aux complications de la misère et des privations de toutes sortes, devait avoir une triste fin. C'est ce qui arriva.

Le pauvre Lassailly tomba malade et devint fou.

Sa folie était douce et mélancolique. C'était plutôt une idée fixe et une désolation de ce que ses forces le trahissaient et qu'il lui était impossible de continuer ses courses sentimentales. Il s'en allait s'éteignant, demandant la comtesse à grands cris.

Un de ses amis pensa à lui donner la satisfaction de la voir. Il alla bravement trouver le comte, lui raconta cette touchante histoire de son poète mourant d'amour, et le supplia de permettre à sa femme de faire luire un dernier rayon sur cette existence qui allait s'éteindre. M. de Magnencourt conduisit lui-même la comtesse à l'hospice Dubois, où Lassailly pleurait ses dernières larmes. Il n'entra pas avec elle dans la chambre du malade ; un ami assista seul à cette suprême entrevue. Prévenu du bonheur qui lui arrivait, — on craignait l'effet d'une surprise — il avait fait couvrir son lit de fleurs ; sa chambre en était tapissée, c'était encore un bouquet pour elle.

Le pauvre garçon ne fit que l'adorer les mains jointes : elle seule parla. Il n'avait jamais entendu sa voix ! Des pleurs de joie s'échappaient de ses yeux. Elle fut bonne et secourable, intelligente ; elle se laissa baiser la main et lui promit de revenir.

Il mourut le même soir, en extase. Pauvre créature ! Comme il aimait !...

CHAPITRE V

Les réputations. — Loeve-Weimars. — La *Revue de Paris*. — Une société nouvelle. — Ce qu'elle était. — Les éditeurs du temps. — Ladvocat. — Les *Cent et Un*. — Mme Camille. — Dumont. — La rente. — Mme Cardinal. — Dumont péché. — Nestor Roqueplan. — Les Lorettes, Mlle Rondeau, Mme de F... — Les mille et une nuits. — Le lion. — Ses mémoires. — Maladresse des femmes. — Comment la décadence arrive. — Ce qu'il aurait fallu faire. — Ce que l'on a fait.

Il est incroyable de voir, lorsqu'on y pense, combien les réputations, même les plus brillantes, s'effacent lorsque le génie ne les étaye pas et que la mort nous enlève de bonne heure.

Un des hommes dont la littérature et les gens de goût s'occupaient le plus alors était Loeve-Weimars[1]. Qui y songe aujourd'hui?

Il écrivait avec le plus grand succès dans les revues, particulièrement dans *la Revue de Paris*, dirigée par M. Buloz et par M. Bonnaire; ses articles étaient fort estimés. Il faisait aussi des nouvelles et des petits romans; il en traduisit également plusieurs. Son style était plein d'élégance et de distinction comme sa personne et ses manières.

1. François-Adolphe baron Loeve-Weimars, littérateur, né à Paris, le 26 avril 1801, mort dans la même ville le 7 novembre 1854.

C'était un homme du monde, en même temps qu'un homme de beaucoup d'esprit, et d'un esprit plein de finesse. Il venait très souvent chez le prince Elim surtout. Sa conversation était charmante ; on le recevait dans la bonne compagnie, avec le plus grand plaisir.

Un peu plus tard, il se maria à une jolie femme, très agréable. Ils se séparèrent, je ne sais pourquoi ; je n'ai pas voulu le savoir, afin de ne donner tort à personne. Loeve-Weimars entra dans la carrière des consulats ; il fut envoyé très loin et resta des années en Orient, en Arabie et en Egypte. Il est mort dans un âge peu avancé, à Alep ou à Médine.

Il faisait partie de cette société qui commençait à s'élever alors et dont quelques débris restent encore seulement. Elle se composait de gens de lettres et de boursiers spirituels. Ils défrayaient toutes les anecdoctes, toutes les conversations ; on ne s'occupait que d'eux dans les ruelles du bel air. La cour nouvelle n'avait que peu de liens et tous pris dans une classe inédite. Auparavant, ceux de la Restauration s'étaient éclipsés : il fallait bien en inventer d'autres ; le trône de la mode ne pouvait rester vacant, l'esprit s'en empara.

Ces messieurs étaient spécialement des viveurs. Ils commençaient l'exhibition de belles filles, à laquelle nous assistons aujourd'hui. Ce n'étaient pas précisément des gens du monde ; ils n'avaient ni les liens, ni les susceptibilités de famille qui retenaient leurs prédécesseurs ; ils ne craignaient pas de s'afficher et proclamèrent l'avènement de l'amour facile. Les grandes passions s'effacèrent peu à peu dans leur monde. On s'adonna complètement au plaisir, aux parties de restaurant, et l'on mena la vie à grandes guides.

Les fournisseurs gagnaient de l'argent ; les gens de lettres n'en avaient pas, mais ils en gagnaient aussi. C'était alors un excellent métier que celui d'écrivain. Le roman feuilleton n'était pas inventé, mais l'on payait bien les volumes; les éditeurs étaient riches, quelques-uns très généreux.

Les principaux pour les romans étaient Ladvocat et Dumont.

Ladvocat est une figure dans l'histoire des lettres.

Il habitait un splendide hôtel sur le quai Voltaire, tout au rez-de-chaussée, au fond d'une cour princière et magnifique. C'était un petit homme avec un joli visage, bien qu'un peu insignifiant. Il avait pour sa profession une vénération réelle et, pour sa personne, une estime profonde. D'un caractère généreux, d'une bonne nature, il avait de la grandeur dans ses procédés. Il ne marchandait pas le talent et ne savait pas refuser aux instances, aux besoins de sa clientèle.

Il en fut la victime et se trouva bientôt embarrassé dans ses affaires; ce fut pour lui un coup de foudre. Accoutumé à vivre largement, à le prendre de très haut dans son commerce, il se trouva si malheureux, qu'il en fut certainement mort si on ne fut venu à son aide.

Des auteurs reconnaissants — les temps sont bien changés! — des auteurs, dis-je, voulurent lui prouver cette reconnaissance et composèrent gratuitement pour lui le *Livre des Cent et Un*. Chacun lui apporta une nouvelle, plus ou moins longue; il en composa une douzaine de volumes, qui se vendirent avec rage, et qui l'aidèrent à se remettre à flot. Cependant, il ne revint plus au même degré de splendeur.

Plus tard, il fut obligé d'abandonner la partie; il se maria avec la célèbre couturière, Mlle Camille, et vécut un peu oublié. Ce qui lui semblait le plus cruel dans sa mauvaise fortune, ce n'était pas de ne pas avoir d'argent, mais bien de n'en pouvoir donner. Il était né grand seigneur sous ce rapport-là.

Dumont, qui tint plus longtemps que lui sa position, ne lui ressemblait guère.

Il était fort pingre, quoique bon homme au fond;

chaque pièce de vingt francs qu'on lui arrachait était une victoire. C'était un homme intelligent, à son point de vue surtout, et intraitable sur ses intérêts. Il était propriétaire du cabinet de lecture situé à côté du perron du Palais-Royal, près de Véfour et des Frères Provençaux; ce cabinet est devenu depuis, à ce que je crois, *la tente;* il a été dispersé comme les autres, comme celui de la rue Sainte-Anne, le mieux fourni de tous. Mme Cardinal restait seule notre providence, dans le quartier latin; elle est morte probablement, et sa maison aura le sort des autres.

Quand on a besoin d'un livre pour travailler à Paris, on ne sait plus où le prendre, si ce n'est dans les bibliothèques publiques, et c'est un grand désagrément.

Dumont se tenait là, dans un cabinet noir, comme une araignée dans sa toile. Il ne fallait pas prononcer un mot tout haut, dans la crainte de déranger les lecteurs; si on avait à lui parler, il vous introduisait dans une petite pièce donnant sur le jardin du Palais-Royal, où se tenait habituellement Mme Dumont, beaucoup plus jeune que lui, assez jolie femme, rêvant beaucoup, fort incomprise, et pour qui les romans étaient une nourriture un peu indigeste.

Là, on débattait ses intérêts assez difficilement. Il avait pourtant de bons moments, ce cher Dumont, pourvu qu'on ne le prit pas à certains quantièmes du mois, ou pendant ce temps désastreux où il avait ses migraines. Elles lui duraient deux ou trois jours au moins, et pendant ce temps, il devenait inabordable. Il eut, je crois, refusé un roman à Walter Scott.

Il s'est retiré après fortune faite, comme disent les annonces. Il s'en est allé à Corbeil, où il se livre au plaisir de la pêche, son passe-temps favori. Il oublie ses auteurs et ses bouquins. On ne l'a pas oublié, lui : c'est un ingrat.

Me voilà très loin des livres de 1835, et surtout des salons de la princesse. J'aurai souvent occasion de revenir aux premiers, et d'en parler avec plus de détails personnels. Je veux cependant, aujourd'hui, achever l'esquisse de leurs physionomies générales, et constater l'influence qu'ils eurent sur les changements de mœurs et d'habitudes.

Ce fut l'un d'eux, et l'un des plus éminents, Nestor Roqueplan, qui baptisa une classe de femmes que notre siècle n'avait pas désigné officiellement. Il les appela des « lorettes », à cause de l'église qu'elles avoisinaient. Le siècle dernier les nommait des *impures* ou des *demoiselles du monde*, expressions surannées et incompréhensibles pour la majorité; on ne pouvait en toute justice les appeler des filles ; c'était insolent, elles avaient le droit de se plaindre; ce mot de lorette était admirablement trouvé.

Beaucoup de celles qui sont célèbres aujourd'hui débutaient. Quelques-unes se trouvaient à leur apogée, d'autres à leur déclin.

J'ai déjà dit quelques mots de celles dont on s'occupait le plus avant l'émancipation des autres. J'y veux revenir. Lorsqu'on peint une époque, il ne faut pas reculer devant les portraits; d'ailleurs ce sont des traits de mœurs utiles à saisir.

L'une de ces célébrités avait, je l'ai dit, un appartement dont le luxe et les merveilles faisaient du bruit dans tout Paris. On peut certifier qu'elle a beaucoup aidé à la résurrection du rococo. Son boudoir conservait des trésors en ce genre. Comme la rage n'en était pas encore répandue, elle les avait eus relativement à bon marché. On parlait beaucoup entre autres d'une certaine glace biseautée, dans un cadre de porcelaine en vieux saxe royal, qui n'avait pas sa pareille dans le monde et qui avait dû être commandée pour quelque reine. Les fleurs en relief qui l'entouraient, grandes comme nature, étaient faites avec une telle perfection, une imitation si complète, qu'on les aurait volontiers cueillies.

Beaucoup de femmes de la société étaient possédées

de l'envie de voir ce paradis après la faute. Elles demandaient des billets ; on en donnait en l'absence de la propriétaire et toutes revenaient transportées d'admiration.

Une très grande dame, par la situation de son mari dans le gouvernement surtout, une grande dame très sévère, très prude, très longue, très sèche, très laide, oublia un instant ses préventions devant la curiosité.

Elle se fit conduire, par un de ses amis, dans ce séjour de perdition et, tout en parcourant l'appartement, il lui échappait des admirations singulièrement assaisonnées.

— Mon Dieu que c'est beau ! Quelle porcelaine ! Quel vase ! Quel meuble ! Cela vaut son pesant d'or. Ah ! quel tableau ! c'est un Raphaël, celui que le musée avait trouvé trop cher... C'est une fille qui l'a !... Est-il possible? Qui le lui a donné? Les hommes sont fous !...

On entrait dans le boudoir, ce fut bien autre chose.

— Ceci est trop fort ! Il y a dans cette petite pièce le prix de la rançon d'un roi. Quelle magnificence ! C'est un conte des mille et une nuits.

En ce moment, un rideau de brocard s'ouvrit au-dessous d'une étagère et démasqua un *fenestron* par lequel passait une tête : un sourire goguenard se jouait sur des lèvres carminées.

— Oui, madame, répliqua cette nouvelle venue, ce sont les contes des mille et une nuits ; je doute que les vôtres vous en rapportent jamais autant.

C'était la propriétaire qui, cachée dans un couloir, avait tout entendu. Elle ne se fit pas faute de tout raconter ; le mot courut tous les mondes.

Cette personne a eu des relations qui font d'elle une notoriété dans sa situation. Chaque siècle a les siennes en ce genre, depuis la Grèce ; elles tiennent une place dans l'histoire anecdotique du temps. Celle dont il est question ici écrit, dit-on, ses mémoires ; s'il en est ainsi, ils seront les plus curieux du monde. Elle a été dans la coulisse, depuis M. de Peyronnet jusqu'à nos jours. Que n'a-t-elle pas vu? Que ne peut-elle pas raconter? Elle a assez d'esprit pour faire à chacun sa part et quelques-uns l'auront bonne.

Ce fut donc à cette époque que la *loge infernale*, la vraie, la première et non pas ses copies, sortit ces dames de leur incognito, et commença à les faire remarquer. Le nom de chacun de ces messieurs s'accotait avec un des leurs. On se révolta d'abord : ils persistèrent, on s'humanisa. Les anecdotes se répétèrent ; les femmes firent les dédaigneuses, et détournèrent les yeux. Elles s'étonnèrent de ce nouveau cercle où la chronique les introduisait et refusèrent d'y marcher avec elle.

Les plus hardies, lasses de se contraindre, se risquèrent à écouter. Elles se mirent à rire derrière les éventails, qu'ensuite on trouva gênant ; puis on s'intéressa aux récits, on se fit montrer les héroïnes, lorsque par hasard on les apercevait.

Celles qui avaient des voitures et qui allaient au bois de Boulogne étaient l'exception. Il existait encore chez les jeunes gens un préjugé qui se détruit, tous les jours, ainsi que nous en sommes témoins. Ils avaient la prétention d'être les amants de cœur et laissaient aux hommes mûrs le droit d'acheter les sourires qu'on leur prodiguait, à eux, pour le plaisir de les leur donner.

Il en résultait une simplicité modeste dans les équipages de Cythère; les fiacres y étaient beaucoup plus fréquents que les remises ; on ne se ruinait pas de gaîté de cœur, pour offrir des calèches à huit ressorts; les amoureux qui dérangeaient leurs fortunes sérieusement ne se comptaient pas par douzaines, on se les arrachait.

Les femmes ne se doutèrent pas de ce qu'elles faisaient; elles se laissèrent élever des rivales sans se garantir; il leur eut été bien facile alors de prévenir ce qui est arrivé; en s'entendant, elles y seraient parvenues.

Les hommes tenaient encore à elles par les mille liens de la famille, de l'habitude, de l'éducation ; ils n'avaient pas encore jeté leur bonheur par-dessus les ponts pour ne chercher que le plaisir.

Il fallait, dans ce premier moment où elles étaient fortes encore, tenter un coup d'État, déclarer qu'on ne voulait pas entendre parler plus qu'autrefois de ce monde interlope que tout séparait d'elles. Il fallait refuser un partage offensant et jurer que l'on ne recevrait plus ceux qui afficheraient des fréquentations inconvenantes ; il fallait mettre les choses sur l'ancien pied, en un mot les y maintenir et ne pas céder.

Ces messieurs eussent été contraints de se soumettre ; ils eussent caché le fruit défendu au lieu de le manger devant tout le monde. On n'avait pas le droit d'exiger davantage.

Les femmes commencèrent par l'insouciance, et lorsqu'elles se réveillèrent de leur inattention, le pli était pris et il était trop tard.

Ne pouvant plus dominer en reines, elles essayèrent de la lutte. Elles s'étaient laissé chasser du trône, elles voulurent le reconquérir en se servant des armes de leurs adversaires. Leurs mains inhabiles ne surent pas en tirer parti.

Suivez bien la déchéance, elle est sensible.

D'abord elles ont la toute-puissance. Leurs rivales, si elles en ont, se dissimulent soigneusement et ne laissent pas supposer qu'elles existent.

Arrive la seconde période, celle de la curiosité et du dédain. Elles commencent à découvrir la nouvelle phalange ; elles s'amusent à entendre parler de ce monde qu'elles ignorent. Elles regardent du haut de leurs parchemins, de leur élégance, de leurs châteaux, de leurs hôtels, ces infimes créatures à qui on loue un petit appartement, qu'un vieux barbon entretient, pendant que leurs neveux en profitent. Elles sont les premières à rire des tours d'écoliers qu'on leur joue, et des soupers qu'on raconte en détail.

Insensiblement, le vide est fait autour d'elles, la désertion commence, leurs féaux ont souvent des affaires impérieuses, lorsqu'elles les attendent au bal, au Bois de Boulogne, le matin. Ils s'excusent cavalièrement et ne montrent aucun repentir; alors elles prennent l alarme, elles s'informent, elles apprennent que le jour où on les attendait et où ils avaient été forcés de se rendre chez un grand parent, on les avait vus dans une avant-scène des baignoires, aux Variétés, avec Mlle *** ou qu'ils avaient été faire une partie à Saint-Cloud, en pareille compagnie.

Elles furent assez maladroites pour se plaindre et bouder; elles n'avaient plus assez de crédit pour l'emporter dans la balance; les infidèles levèrent le masque : ils ne se cachèrent plus.

Ce fut alors qu'on eut recours aux grands moyens et qu'on en vint à la lutte ouverte. On prit modèle sur les Aspasies, on essaya de triompher par le luxe, comme s'il y avait moyen de faire avec un seul homme à ruiner, ce que font celles qui en ont dix, on l'a répété bien des fois.

On découvrit qu'un des grands charmes des *petites maisons* était le laisser-aller, le sans-gêne complet que les hommes y trouvaient; on leur permit un sans-gêne plus grand encore, si c'est possible. Ils purent tout dire et tout faire. Ils purent s'habiller à leur guise. La cravate noire et les bottes triomphèrent.

C'était, remarquez-le bien, c'était le moment de la création des clubs, de l'introduction du sport et de l'épizootie du cigare. Non seulement on leur permit de fumer, mais on fuma avec eux. On les suivit dans les écuries, on apprit le jargon des jockeys, on adopta les modes de l'autre monde. Enfin, comme on était encore vaincu sur ce terrain, on fit mieux, on parla argot et l'on s'habilla en garçon.

Pendant cette stratégie maladroite, ces demoiselles faisaient leur chemin, elles étaient arrivées à leur but. Elles avaient maintenant des hôtels et des chevaux tout comme les nobles dames, un peu plus beaux quelquefois.

L'œuvre de démoralisation était achevée et complète. Qu'imaginer alors ? Les plus folles se dirent :

— Ces femmes leur plaisent par des excentricités en faisant parler d'elles envers et contre tous, imitons-les, surpassons-les, s'il se peut.

De là sont venues toutes les extravagances de cet hiver, ces noms de cocodès et de cocodètes acceptés et demandés même, ces sobriquets inimaginables, ces dames échevelées, ces fréquentations, ces imitations de ce qui devrait repousser à cent lieues une femme délicate. De là le succès de Thérésa, son introduction dans les salons ; de là bien d'autres étrangetés que je ne qualifierai point.

Les grandes dames oublièrent ce qu'elles étaient ; depuis longtemps les autres ne s'en souvenaient plus. Elles nous firent la société telle qu'elle est, elles achevèrent de la détruire en lui donnant le coup de grâce.

Je ne suis pas bégueule, Dieu le sait, je n'en ai nulle envie ; il n'existe pas une plus grande dose d'indulgence que la mienne ; je comprends, j'excuse tout, excepté la dégradation surtout à froid, surtout sans que la passion puisse l'expliquer et la couvrir. Lorsque la passion s'empare de nous, nous ne pouvons pas dire : je m'arrêterai à telle borne, je n'irai que jusque-là. La passion conduit à tout, elle bouleverse les idées, les principes, le caractère ; sous l'empire de la passion nous ne sommes plus nous-mêmes, nous ne nous appartenons plus. On peut à peine accuser celui qu'elle domine, surtout si l'on a éprouvé soi-même jusqu'où va son pouvoir.

Mais quand il s'agit seulement d'une vanité folle et stupide, lorsqu'il s'agit d'imposer au monde sa personnalité, uniquement pour lui prouver qu'on se domine, on prouve seulement qu'on le méprise et l'on s'expose à ce qu'il le rende avec usure.

J'aurai beau faire, je n'empêcherai pas ce qui existe, je n'arrêterai pas un char lancé dans une pente fatale et courant au grand galop vers le précipice. Je puis, au moins, rester sur la route, le suivre de l'œil et déplorer sa chute inévitable, en tournant mes regards vers les sommets élevés d'où il est parti.

Telle est la société à présent, tel est son sort, et tels sont mes regrets.

J'ai vu commencer cette décadence, ainsi que je viens de le dire, et j'en ai indiqué la source. Ceux qui ont accompli cette œuvre l'ont fait sans l'intention d'en venir là. Ils avaient des aspirations différentes de ceux qui les avaient précédés. Ils n'avaient pas reçu la même éducation, ils n'étaient pas retenus par les mêmes entraves. La supériorité même de leur intelligence les conduisait à une indépendance absolue. Les lois établies par la société ancienne leur pesaient ; ils voulurent s'amuser avant tout et ils en cherchèrent les moyens les plus faciles.

Au lieu de faire pendant des mois, des années peut-être, le siège d'une femme, pour échouer ensuite quelquefois, ils firent comme le comte de Lauraguais, ils prirent de l'amour tout fait.

Ceux qui n'auraient pas eu l'audace de donner l'impulsion la suivirent, et de là vint incontestablement l'état des choses qui règne aujourd'hui, qui régnera probablement longtemps, avec augmentation sans doute.

CHAPITRE VI

Le prince Tufiakin. — Son hôtel. — Les bals de jolies femmes. — Les deux sociétés. — Le knout. — Battu, trompé et content. — Mot d'une vieille femme. — Je me défendais. — Le médecin du cou. — Mme de Serigny. — Rossi. — Une paille dans la bataille. — Le docteur voisin. — La baronne de Malaret; Mme de Polastron. — Charles X. — Marie-Amélie. — Les avertissements de Mme la duchesse de Berry. — Mlle Plessis. — Le comte Elzéar de Sabran. — Le vicomte de Renty. — D'Epagny. — Cadet Roussel. — Mme Joest.

Il y avait alors à Paris un Russe aussi connu que Henri IV sur le Pont-Neuf et que l'on voyait partout. Il avait conquis chez nous droit de cité; il y était depuis plus de trente ans et sous tous les régimes.

Il y arriva du temps du premier Empire, m'a-t-on dit, ayant eu, ajoutait-on, — je ne réponds de rien — maille à partir avec son gouvernement. Il courut un mot stupide, un calembour à propos de son nom, que la canaille eut l'audace d'attribuer à Napoléon Ier. En vérité, c'est le dernier homme auquel j'aurais pensé pour cette paternité-là.

Le Russe était le prince Tufiakin; on faisait dire au héros :

— Tout faquin est prince dans son pays.

Je vous demande si cela lui ressemblait!

Le nom lui en resta; on ne l'appelle que Tufiafaquin parmi les polissons. Son extérieur était grotesque; il portait le cou de travers, comme si on eût commencé à le lui tordre; il avait peu d'esprit et parlait très peu lui-même, s'il faisait beaucoup parler de lui.

Sa fortune était considérable; il avait une loge à l'Opéra, une aux Italiens. Son hôtel était celui qui se trouve sur le boulevard, en face du passage des Panoramas, aujourd'hui un hôtel garni espagnol. Il occupait le premier et la terrasse, et louait le reste. Ses bals étaient d'une élégance fabuleuse et très peu nombreux. Il ne voulait que des jolies femmes. Il refusait impitoyablement les laides, quel que fut leur rang, à moins de conditions particulières d'intimité, et encore!...

Il y avait deux sociétés qu'il recevait tour à tour, la sienne et celle de ses maîtresses.

La sienne était la meilleure compagnie de Paris.

L'autre était la plus gaie et la plus compromise.

Beaucoup de bégueules ne voulaient pas aller chez lui à cause de cela.

— Elles sont bien modestes, disait une très belle, très honnête et très grande dame; pour moi, cela ne me fait pas peur : on ne me confondra jamais avec ces femmes-là.

Il courut sur ce pauvre prince deux histoires fort drôles. La princesse de la main gauche régnante en ce moment-là était très jolie; elle avait accepté *sa charge*, se réservant en elle-même certains amendements aux lois qu'on lui imposait. Elle se cachait de son mieux, mais elle ne prit pas assez de précautions apparemment, et le prince en fut instruit.

Il entra dans une colère splendide. Il payait assez cher pour ne pas manquer d'être trahi.

Comme disait en pareil cas Mlle Guimard :

— Cela se doit.

Après avoir hésité entre plusieurs genres de représailles et de répression, il choisit celui de son pays, et se décida pour le knout. La dame n'était pas de celles qui se résignent en silence, aussi prit-il toutes ses précautions pour être maître du terrain et pour arriver paisiblement à la catastrophe. Bien loin de laisser rien paraître, il redoubla de soins et de tendresse. Il voulut dîner tête à tête avec la belle, dans un délicieux boudoir, au fond de son appartement, se plaignant qu'il y avait ailleurs trop de monde entre eux, qu'il ne la voyait jamais assez.

En même temps, il avait donné en sous-main un ordre perfide à son maître d'hôtel.

— On mettra deux couverts seulement ; on me servira un dîner délicat, choisi, excellent, dans le boudoir. Après avoir posé le dessert et les derniers vins, on me laissera, et on ne reviendra sous aucun prétexte avant que j'aie sonné. Quelque bruit qu'on entende, lors même qu'on crierait, qu'on appellerait du secours, je défends qu'on bouge. Le premier qui met le pied ici est chassé!...

La place était bonne, personne n'avait envie de la perdre. Cet ordre fut transmis ; on était sûr de son exécution.

Tout marcha pour le mieux dans cette partie fine, chacun fit à l'autre des protestations et des serments hypocrites. Les mets exquis, les vins de premier choix, le luxe qui l'entourait et dont elle sentait tout le prix, prêtèrent à la dame une éloquence à laquelle le plus fin eût été trompé sans les précédents ; le prince attendait sa vengeance et la savourait.

Lorsque les domestiques furent partis et qu'il ne craignit plus aucune interruption, il commença à énumérer ses griefs avec beaucoup de calme. Il raconta très en détail l'infidélité de sa bien-aimée, et ne put douter que ses espions l'eussent bien servi.

N'importe, elle nia, elle nia avec un aplomb magnifique ; elle était de l'école de cette vieille femme qui disait :

— Il ne faut jamais rien avouer, on est prise à ces

générosités-là. Mon mari m'aurait trouvée sur le fait, que je me serais écriée :

— Monsieur, je me défendais.

Le prince était trop sûr de son fait, trop pénétré de rage pour que ces dénégations parvinssent à le persuader. Il se leva furieux, se jeta sur un gourdin qu'il avait traîtreusement caché derrière un rideau et s'avança vers la coupable, pour lui administrer le châtiment. Elle le regarda, stupéfaite, et ne pouvant en croire ses yeux. Il lui porta un premier coup qui la fit sortir de sa stupeur.

— Ah ! fit-elle, jouons-nous ce jeu-là ? Nous allons voir. Elle était grande, jeune et forte ; il était petit, vieux et rachitique. Elle lui eut bientôt arraché le bâton, et les rôles changèrent. Elle lui administra la plus *belle roulée !* — voilà que l'argot me gagne. — Il eut beau crier, demander grâce, appeler toute la maison, on se fût donné garde de bouger : la consigne était là.

Quant à la dame, elle frappait à tour de bras, avec accompagnement de discours, qui sentaient le terroir.

— Ah ! disait-elle, tu veux me battre, vieux drôle, tu n'es pas reconnaissant des complaisances que j'ai pour toi, tu te plains, quoi ? J'ai usé avec toi de procédés excellents, j'ai pris toutes les précautions possibles pour te tromper en secret et cela ne te convient pas. On ne trompe pas ceux qu'on aime, entends-tu ; pour les autres, on ne s'en donne pas la peine. A l'avenir je ne te ménagerai plus, et tu verras. Crois-tu donc qu'une femme puisse se contenter de te rester fidèle ? Toute ta fortune ne saurait obtenir cela !...

Elle ponctuait chaque phrase par un coup. Le malheureux était par terre et gémissait; il n'avait plus la force de se relever, il n'avait plus celle de se plaindre. Elle le laissa en cet état. Lorsqu'elle traversa l'antichambre, elle prévint les domestiques que leur maître avait besoin d'eux.

Il en resta un mois au lit.

Le beau de l'histoire, c'est que la donzelle la raconta, qu'on en rit dans tous les mondes et que le pauvre prince ne fut plaint par personne, d'autant qu'il n'en aima que davantage sa déesse et qu'elle se fit donner comme réparation, d'autres disaient comme dommages et intérêts, une belle et bonne somme, sans compter les bijoux.

Il arriva de là que le prince fut trompé, battu et content, sans compter qu'il paya grassement tout cela.

L'autre histoire est moins intime; elle est tout aussi drôle.

En passant rue Montmartre, le cocher du prince eut beau crier gare, il renversa une femme chargée d'un fardeau. Tout aussitôt la populace de s'attrouper; on murmurait déjà; il n'en faut pas tant. La femme était blessée et criait du haut de sa tête.

Le prince n'était pas rassuré du tout, il descendit et s'approcha de la victime en tirant sa bourse et en attestant qu'il payerait tout ce qu'il faudrait.

— Je vous enverrai mon médecin, ajouta-t-il.

La femme le regarda attentivement.

— S'il ne me remet pas mieux la jambe qu'il ne vous a remis le cou, je n'en veux pas, répliqua-t-elle.

Ce satané peuple de Paris a toujours un bon mot à son service. Il va sans dire que le prince Tufiakin venait à Masjalsky house et que nous l'y rencontrions souvent.

La seconde année de mes relations avec la princesse, le cercle s'élargit, et il se forma à côté comme une succursale dans une autre maison, mais ce ne fut jamais la même chose. D'abord, la position sociale ne se ressemblait pas et les deux maîtresses de logis se ressemblaient encore moins.

La seconde était aussi Russe de naissance, mais elle avait épousé un Français, une sorte d'avocat, un M. de Sérigny ou Sirigny, dont elle était veuve. Sa fortune était considérable; elle tenait un état de maison luxueux, mais mal ordonné; on sentait qu'il se dépensait là beaucoup d'argent, mais qu'il y manquait quelque chose.

Mme de Sérigny avait habité Genève, et y avait beaucoup connu le célèbre Rossi; elle était restée en correspondance avec lui; j'ai vu quelques-unes de ses lettres. Il avait, prétendait-elle, le pressentiment de son sort et il lui répétait souvent :

— Celui qui voudra sérieusement prendre en mains les intérêts du pape, disait-il, devra faire le sacrifice de sa vie. S'il agit en conscience et si l'on voit qu'il peut réussir, on ne le laissera pas achever.

Ce fut justement ce qui lui arriva.

Mme de Sérigny était alors fort liée avec le docteur Voisin, le célèbre médecin des fous. Il aurait pu faire sur elle quelques expériences, car elle était passablement toquée; outrageusement bossue, elle n'en avait pas moins des prétentions à la beauté.

Elle disait à la couturière qui lui prenait mesure pour la première fois :

— N'oubliez pas surtout que j'ai une paille dans la taille. Une femme n'a pas de grâce sans cette paille-là, et j'y tiens beaucoup.

Ceci était pis que le proverbe de l'Evangile. Elle transformait une montagne en paille.

Le docteur Voisin[1] est un homme d'esprit, très agréable dans le monde. Il a un de ces coups d'œil à qui rien n'échappe; je comprends qu'il charme ses pensionnaires et qu'il les fasse obéir.

Cette maison de Mme de Sérigny était gaie; j'y rencontrais souvent une charmante femme, la baronne de Malaret. Elle avait alors plus de cinquante ans;

1. Félix Voisin, médecin aliéniste né au Mans en 1794. Il a publié plusieurs ouvrages fort remarquables : *De l'homme animal*, *Analyse de l'entendement humain*, etc., et une analyse des sentiments moraux, en 1862 : *Nouvelle loi morale et religieuse de l'humanité*.

encore très belle, elle avait beaucoup d'esprit, peignait d'une façon remarquable, et était surtout bonne au superlatif.

Elle était née d'Esparbès de Lussan; sa sœur fut la belle Mme de Palastron, qui, prétend la chronique, épousa Charles X en l'émigration, lorsqu'il fut veuf et converti. Elle mourut jeune, et cette mort frappa tellement le prince que sa grande dévotion date de là.

Mme de Malaret ne s'expliquait pas positivement là-dessus, mais elle avait conservé avec la famille royale des relations suivies, ceci j'en suis sûre.

Elle arriva chez moi un matin, plus parée que nous n'avions l'habitude de l'être à pareille heure; aujourd'hui que l'on prend un chapeau à plumes en sortant de son lit, cela n'aurait plus rien d'extraordinaire.

Je lui en fis l'observation.

— Ah! me répondit-elle, ce n'est pas pour vous, je vous prie de le croire; j'arrive des Tuileries, j'ai été trouver Marie-Amélie de la part du roi.

Elle me raconta plusieurs de ses entrevues avec celle qu'elle appelait toujours la duchesse d'Orléans. Elle m'assura que cette dernière *subissait* l'ordre des choses, mais qu'elle n'en était point contente. Elle conservait les meilleurs sentiments pour la branche aînée de sa famille, montrait en toute occasion un grand respect pour Charles X, qu'elle nommait exclusivement le roi. Si elle avait à parler de Louis-Philippe à la baronne, elle disait simplement mon mari.

Elle gardait aussi une vive affection à son petit neveu, le duc de Bordeaux, et à sa mère. Mme de Malaret m'assura même avoir été chargée par elle de faire prévenir Mme la duchesse de Berry qu'elle allait être arrêtée et de la supplier de fuir. Marie-Amélie avait fait préparer un navire qui l'attendait en Loire. On fermerait les yeux sur son départ, sa tante l'avait obtenu. Madame refusa d'en profiter et, de là, les malheureuses suites; comment a-t-elle pu ne pas les prévoir?

La reine pleurait aux sanglots, toutes les fois qu'il

était question de ces tristes circonstances et même de la Révolution. Elle répétait sans cesse, cette amie des siens, que son mari était un honnête homme, qu'il avait agi pour le mieux, qu'il n'avait pu faire autrement.

Je suis convaincue qu'elle le croyait.

C'est auprès de Mme de Malaret que Mlle Plessis fut élevée. Sa mère était depuis longtemps dans la famille de la baronne. Je la vis chez elle, bien petite encore, c'était très peu de temps après ses débuts. Nous jouiions des charades et même des petites pièces. Elle n'était pas encore belle, car elle a grandi et s'est formée bien après cela, mais elle était déjà jolie comme un cœur.

Mme de Malaret aimait tendrement sa Sylvanie; elle lui prédit souvent ses succès et son avenir. A cette époque, je l'ai peut-être dit, la distance qui séparait le monde artiste de l'autre était immense, de sorte qu'une actrice de la Comédie-Française chez la baronne était un événement, même en faisant la part des anciennes relations et de la conduite sans reproches de celle-ci.

Les prudes s'en offensaient en faisant la bouche en cœur. Mme de Malaret les releva de la belle façon. Elle leur disait tout net :

— C'est l'envie qui vous fait parler, vous voudriez bien être à sa place, avoir quinze ans, son talent et son visage; si vous possédiez tout cela et qu'on vous adorât comme on l'adore, j'ai grand'peur que vous ne sachiez pas, comme elle, allier ses avantages avec sa vertu.

Nous nous amusions fort, je vous l'assure, et c'était une société ravissante. J'y vis un des hommes les plus aimables de l'ancien temps, le comte Elzéar de Sabran[1], le fils de Mme de Boufflers, celui qui composait de si jolis vers et des fables qui rappelaient Florian. C'était

1. Elzéar-Louis-Marie, comte de Sabran, né en 1774, mort en 1846.

un grand seigneur et un poète de la meilleure école. Il causait admirablement, avec une bonhomie que son esprit égalait seul. Il disait ses vers comme La Fontaine devait dire les siens.

On ne pouvait être plus homme du monde; il avait des souvenirs précieux de sa famille, du chevalier de Boufflers, de toute l'ancienne cour, de la société qui lui succéda. Je m'instruisis beaucoup en l'écoutant. C'était un vivant recueil d'anecdotes, de bons mots, de portraits; il savait l'étiquette comme personne; ses façons en tout sentaient l'ambre et la poudre à la maréchale.

Cette génération-là a tout à fait disparu; ceux qui ne l'ont pas connue ignorent ce que c'est que le savoir-vivre, la galanterie et l'amabilité.

Nous avions à côté de ces hommes du bel air, un véritable jouet, un pauvre fou, bien qu'il ne voulut pas l'être, le vicomte de Renty. Il n'était plus jeune depuis longtemps; il s'obstinait à l'être encore et se donnait en spectacle. Il dansait des pas inimaginables, celui du châle entre autres; il n'était jamais plus heureux que quand on l'engageait à *déployer ses talents* comme Zéphirine.

Il arrivait quelquefois en berger avec de la poudre, des culottes en satin bleu de ciel et un habit en taffetas rose. Il commençait son menuet en compagnie de Mme de Malaret, dont le sang-froid ne se démentait pas. Nous nous tordions de rire; il s'en apercevait très bien, mais ne s'en déconcertait pas.

— Faites-en autant, disait-il avec orgueil.

Il est très sûr que nous ne l'aurions pas pu : il avait des façons de jeter ses jambes que j'ai retrouvées depuis chez Rigolboche et consorts.

Un des habitués de ces dames et de la princesse était d'Epagny, l'auteur de *Dominique*[1] et de *Luxe et*

1. Jean-Baptiste-Rose-Bonaventure Violet d'Epagny, auteur dramatique, né le 30 août 1787 à Gray (Haute-Saône). *Dominique*

Indigence, dont j'ai raconté le succès en son temps. Il était alors un peu passé de mode, mais son mérite n'en était pas moins réel.

D'Epagny, en ce temps, n'était plus jeune; il n'était pas beau; l'avait-il été autrefois? Il n'y paraissait pas; il avait littéralement les trois cheveux de Cadet-Roussel, et ces mauvaises pièces de jeunes gens s'en allaient lui chantant aux oreilles :

Cadet Roussel a trois cheveux :
Un pour les faces, un pour la queue ;
Il les met tous les trois en tresse
Quand il s'en va voir sa maîtresse.

Puis, ils ajoutaient celui-ci, entièrement de leur façon et inédit :

Cadet Roussel eut quatre dents,
Trois sont tombées d'un coup de vent,
Il a laissé la quatrième
Au fond d'un fromage à la crème.

D'Epagny était un homme excellent, rempli d'esprit, d'une conversation pleine d'intérêt; seulement, il ne voulait à aucun prix tenir compte des almanachs et des extraits de naissance. Il lui plaisait d'être jeune, son cœur et son imagination l'étaient toujours; il s'arrangeait pour l'être à perpétuité, sans demander la permission à son visage, qui protestait.

On pouvait d'autant moins le blâmer que certaines femmes le croyaient sur parole, prétendait-on, et qu'on lui prêtait des bonnes fortunes.

Qu'y avait-il de vrai? Je ne puis rien assurer; j'affirme pourtant qu'il était aimé, recherché de tout le monde, qu'il n'avait pas assez de temps pour ré-

ou le possédé fut joué au Théâtre-Français en 1831. D'Epagny collabora également à beaucoup de pièces : *L'Auberge d'Auray; les Malcontents*, *Charles III*, etc.; il faut citer aussi *la Fille de l'émigré* et une *satire contre Napoléon III* (1853).

pondre aux invitations qu'on lui adressait; dans les salons, on se l'arrachait. S'il n'avait pas été aimable, en eut-il été ainsi? Qu'importait son âge, puisqu'il plaisait?

Nous l'eussions voulu seulement un peu plus coquet, un peu plus soigné dans sa mise. Il n'y songeait pas.

Depuis ce temps, d'Epagny disparut de la scène du monde; il est allé s'établir à la campagne, aux environs d'Orléans. Il cherche à se faire oublier, il vit dans la solitude. On se souvient pourtant de son talent, de son bien dire et aussi de sa bienveillance pour ses amis. Il y a des gens qui ne sauraient s'effacer entièrement.

Il était le directeur d'un petit théâtre que nous avions établi chez Mme de Sérigny, laquelle occupait un petit hôtel rue Lord-Byron, en face de celui d'Arsène Houssaye; aujourd'hui cet hôtel a un jardin et une terrasse sur les Champs-Elysées. Il est encore, extérieurement au moins, le même qu'autrefois.

Sur ce théâtre on jouait surtout des improvisations, Dieu sait lesquelles! Je me rappelle un jour, où nous préparions une pièce de tragédie; nous regardions à travers les trous de la toile, en attendant qu'on la tirât.

— Ah! mon Dieu, dit Saint-Félix, le plus gai, le plus drôle de tous ces bons compagnons, qu'est-ce que cela? Une idole de l'Inde, si elle reste au premier rang, jamais je ne pourrai trouver un mot, je ne ferai que la regarder.

Cette idole était Mme X... Je me garderai bien de la nommer; si ces pages lui tombaient sous les yeux, elle mourrait de chagrin à l'idée qu'en 1835 il put déjà être question d'elle.

En cette année de grâce pourtant, elle n'était déjà plus jeune et l'on se moquait de ses prétentions, il y a trente ans. C'était néanmoins une belle femme, d'une taille superbe. Son visage assez régulier n'était pas agréable, parce qu'il n'avait aucune expression. Elle dansait et s'habillait comme une fille de quinze ans. Il en est de même aujourd'hui.

Elle a les mêmes prétentions, les mêmes croyances; elle n'ose pas sortir seule, parce que, prétend-elle, on la suit. Elle reçoit des déclarations continuelles; elle est enfin beaucoup plus jeune que ses enfants.

Dernièrement, elle a été fort malade; lorsqu'elle fut guérie, elle disait à une de ses amies :

— Combien il est affreux de penser, non pas qu'on pourrait mourir, on en prend son parti, mais qu'on pourrait vieillir et devenir laide!...

Elle ne porte que ce qu'il y a de plus jeune en robes et en chapeaux; elle est très persuadée qu'elle n'a pas quarante ans. Hélas! un de ses enfants en a presque cinquante. La tournure de Mme X... est encore étonnante, il faut en convenir; si on la voit par derrière, elle peut produire une complète illusion, mais il ne faut pas qu'elle se retourne...

CHAPITRE VII

Un cercle agrandi. — La comtesse douairière Schouwaloff. — Le vicomte Joseph Walsh. — Le *Fratricide*. — Les cannes. — Celle de Balzac. — Interruption par un fauteuil. — Les incendiés de l'eau. — La comédie à leur profit. — La salle de la Renaissance. — *La chaste Suzanne*. — *Lucie de Lammermoor*. — Richardi. — Anténor Jolly. — Le joli ténor. — Sur les planches ! — Furie des douairières. — Roger de Beauvoir. — Son père. — Sa mère. — Mlle de Bully. — Saint-Acheul. — Juilly. — Les enfants gâtés. — L'un d'eux meurt d'une maladie qu'il n'a pas. — Le prince de Polignac. — Le jeune attaché. — Son portrait. — Un raffiné de Louis XIII. — 1830. — Il quitte la diplomatie. — Il s'amuse.

La princesse Masjalsky avait beaucoup agrandi son cercle; ses relations étaient plus nombreuses, sinon plus éminentes, comme intelligence. On y faisait toujours de la littérature, mais l'auditoire s'était augmenté; on ne lisait plus ses vers et sa prose, comme les années précédentes, devant une quinzaine d'amateurs ; maintenant, c'était en présence de deux rangs de fauteuils, tout autour d'une grande pièce, où des femmes très parées écoutaient en bâillant, sans compter les hommes caquetant derrière elles et mourant d'envie de bavarder à leur aise.

Parmi les Russes, il y avait encore la comtesse

Schouwaloff, mère du comte Grégoire dont j'ai parlé, remariée à un ancien officier de la Garde Royale. Ils étaient tous les deux petits et gros et ne se quittaient guère; c'était un couple bien assorti, de toutes les façons. Mme Schouwaloff avait une grande fortune et une excellente maison, où, elle et son mari recevaient le plus haut monde. Ils donnaient des bals magnifiques et d'excellents dîners, et il était fort difficile d'y être admis.

Les lectures que la princesse et Elim recherchaient beaucoup étaient parfois un peu longues. Il arriva une petite aventure assez drôle, mais assez désagréable aussi, qui servit au moins à nous en débarrasser.

Tout le monde, à cette époque, a connu le vicomte Joseph Walsh[1], un vrai saint, le type de l'honnête homme, de l'homme du monde, un écrivain de bonne compagnie s'il en fut : d'une fidélité immuable à ses principes, rempli des qualités les plus nobles et les plus généreuses ; bon, indulgent, ne disant jamais de mal de personne. Il avait de l'esprit, de jolis mots, de la finesse ; il n'eut jamais ni haine ni rancune contre qui que ce fut ; il était aimé et honoré partout.

Son talent était correct, un peu grave ; ses articles de journaux, courts, se lisaient avec plaisir lorsqu'on partageait son opinion, mais ses romans, tranchons le mot, étaient ennuyeux. Ils pouvaient s'accepter dans le silence du cabinet, où le beau langage est mieux senti ; dans un salon où le public est nécessairement facile à impatienter, ils font longueur et ont de la peine à se faire écouter sans réclamations.

Un soir, il y avait bien cent personnes rue de la Ferme; nous étions rangés tout autour du salon et

1. Royaliste et catholique, M. Walsh a publié beaucoup d'ouvrages. Il faut retenir ses *Lettres vendéennes ; Lettres sur l'Angleterre ; le Tableau poétique des fêtes chrétiennes ; Les paysans catholiques.*

nous écoutions le vicomte Walsch lisant un roman intitulé le *Fratricide*. Cette lecture durait depuis plus d'une heure et demie. On bâillait à se décrocher la mâchoire, ou l'on riait dans son éventail.

Parmi les auditeurs les plus attentifs, se trouvait une jeune femme très rieuse et assez étourdie ; elle avait derrière elle Horace de Viel-Castel, Jules de Saint-Félix et Roger de Beauvoir, faisant assaut de plaisanteries plus drôles les unes que les autres. Il devenait difficile d'y résister ; l'éventail n'était plus assez grand ni assez sourd pour dissimuler les éclats ; l'embarras était d'autant plus complet que la dite dame était fort en vue près de la princesse, en face du lecteur.

La princesse comprenait facilement que sa lecture n'avait point de succès, mais il était impossible d'y mettre un terme. Elle contemplait avec effroi un énorme manuscrit dont on avait à peine avalé le quart. L'auteur n'était pas disposé à en ôter une page. Elle voyait parfaitement les symptômes de révolte tout autour d'elle et les contenait d'un regard sévère, plus souvent dirigé vers ce coin séditieux, où son fils s'était également réfugié.

C'était sous le règne des cannes ; les élégants n'allaient pas dans le monde sans en avoir une ; elles étaient très grosses, ornées de pierreries, avec une pomme qui ne le cédait pas à celle des médecins d'autrefois. Celle de Balzac est demeurée célèbre ; elle était de la taille d'un fort rotin.

Roger et Horace en avaient chacun une dans ce genre là. Je ne sais auquel des deux — à tous les deux peut-être — il vient une idée malicieuse. Sans prévenir Mme *** ils passèrent sous son fauteuil le bout des deux cannes comme des leviers, et en leur imposant une pression légère et calculée, ils mirent les roulettes en mouvement ; le fauteuil s'en alla droit jusqu'à la table où était le verre d'eau sucrée, en face du lecteur, et ne s'arrêta qu'après un choc. L'interruptrice et le vicomte se trouvèrent face à face : jamais vous n'avez vu deux mines plus étonnées, plus attrapées aussi.

La lecture se trouva forcément interrompue.

Le rire partit comme une traînée de poudre. Tout le monde se leva, trop heureux qu'on était de voir finir le supplice. La maîtresse du logis eut beau faire, il n'y eut pas moyen de recommencer : on eut plutôt déserté le salon.

Le vicomte était si parfait, qu'il n'en voulut aucunement à la cause innocente de sa disconvenue. Elle le revit bien souvent depuis, et il ne cessa pas d'être aimable et obligeant pour elle. Il est vrai qu'elle n'était nullement coupable en tout ceci, mais elle en avait l'air.

C'est vers cette époque qu'eut lieu une soirée, dont il fut énormément parlé dans le monde.

Il y avait eu des inondations dans différentes provinces; on dansait et on chantait beaucoup, pour les *incendiés de l'eau*, comme disait une femme d'esprit.

Quelques dames, parmi lesquelles était Mme de Malaret, imaginèrent de donner à leur profit — j'entends au profit des inondés — une représentation d'un opéra, sur le théâtre de la Renaissance alors tout nouvellement bâti, et qui est maintenant le Théâtre Italien.

Cette salle avait été d'abord, il me semble, le Théâtre Nautique. On avait fait un bassin au milieu de la scène; des barques y naviguaient; il s'y passait des scènes de mer, ce qui était parfaitement ridicule.

Il y eut aussi un opéra. Là, fut donnée la *Chaste Suzanne;* là, fut chantée, pour la première fois, *Lucie de Lamermoor*.

Un artiste, que j'ai retrouvé depuis à Bruxelles, qui avait une voix et une méthode délicieuse, Richardi, tenait le rôle d'Edgard, d'une façon très remarquable. La pièce était en français.

Nous verrons plus tard, à ce théâtre devenu la Renaissance, des pièces qui firent beaucoup de bruit.

Antenor Jolly en était le directeur, et je me rappelle ma cuisinière me demandant la permission d'aller au spectacle.

— M. le *Joli Ténor* m'a donné des places, j'espère que Madame me permettra d'en profiter.

Ce fut donc sur cette scène que l'on résolut de se montrer au public. Les acteurs, les actrices, jusqu'aux chœurs devaient être des gens du monde. Les chœurs étaient déjà du reste tout à fait organisés ; chaque semaine ils fonctionnaient chez Mme Merlin, et ils étaient excellents ; toutes les personnes de la société, qui avaient du talent, tenaient à honneur d'en faire partie.

Je ne me souviens plus des détails de cette soirée, je ne sais plus quels furent les acteurs. Je devais jouer avec Mme de Malaret dans une comédie qui suivait l'opéra ; je tombai malade, je ne pus pas même y assister.

Ce que je me rappelle parfaitement, c'est l'effet produit par cette innovation. Il faut se reporter à l'époque. On était encore très sévère sur les convenances ; la comédie se tolérait dans les châteaux : elle était absolument proscrite à Paris dans les salons sévères. Les femmes qui s'y risquaient, chez les étrangers, avaient maille à partir avec leurs familles et avec la critique.

Jugez de ce que l'on dut penser d'une représentation payante sur un théâtre, où jouaient habituellement de vrais acteurs, sur les planches enfin ! Les douairières pensèrent en étouffer de colère : le motif n'excusait point. La charité n'était pas une raison suffisante pour autoriser une femme comme il faut à de telles incartades. Il y eut pourtant un monde énorme et une excellente recette.

J'ai déjà nommé plusieurs fois Roger de Beauvoir, alors dans tout son éclat et un des plus brillants parmi les lions dont je vous parlais tout à l'heure.

Il appartient à une excellente famille ; son père fut

receveur général à Laon. Sa mère était Mlle de Bully; elle avait un père député sous la Restauration, et un autre vicaire général de l'évêché à Soissons. Tous ces gens-là étaient des plus honnêtes et des plus honorables.

Sa mère était fort belle. Elle lui ressemble beaucoup. Elle était aussi la meilleure, la plus dévouée des femmes. Elle eut deux enfants. Elle en perdit un, et son fils Eugène fut mis de bonne heure au collège de Juilly qu'il quitta ensuite pour celui de Saint-Acheul. Il a donc été chez les deux congrégations rivales: les oratoriens et les jésuites.

Partout il remporta des prix, partout il se fit remarquer par son prodigieux esprit et sa facilité merveilleuse. Il a encore des vers composés par lui à douze ou treize ans, qui sont pétillants de verve et qui promettaient tout ce qu'il a tenu.

Malheureusement sa mère, dont il était l'idole, le gâta à plaisir; avec une éducation plus sévère elle lui eut épargné bien des chagrins. Les enfants gâtés sont les plus détestables et les plus malheureux des êtres.

On ne saurait trop le répéter aux mères, dont la faiblesse ne sait rien réprimer chez leurs enfants, elles les perdent, elles sèment pour eux des déceptions et des douleurs.

Pour leur épargner quelques larmes, supposent-elles, elles leur en font répandre de bien plus amères.

En les prenant même dès le premier âge, il est facile de se convaincre, combien ce que je dis est une vérité.

L'enfant élevé sagement est réprimé dès qu'il a la connaissance de ses pensées et de ses actions; ce n'est qu'une affaire d'habitude, il ne faut que le prendre par la main et guider son intelligence comme on guide ses pas chancelants. Tout le secret de la première éducation est dans deux principes jumeaux, dont il ne faut pas varier :

Ne jamais céder à un enfant, lorsqu'on lui a prescrit ce qu'il doit faire;

Ne jamais manquer à une promesse qu'on lui a donnée.

L'enfant doit avoir une confiance entière, inébranlable, dans sa mère ou dans celle qui lui en tient lieu.

Une fois qu'il est très sûr de ne pas vaincre, il ne cherche pas à combattre, et sa volonté cède d'elle-même. L'enfant n'est pas vaillant, il est peureux, il est entêté et c'est cet entêtement qu'il faut abattre, sous peine de se voir dominé par lui et de ne donner à l'avenir que des hommes sans énergie, dont la tyrannique faiblesse fait tout ployer par la violence, auxquels on ne résiste pas parce qu'on les sait capables de toutes les extrémités.

L'enfant bien élevé ne pleure pour ainsi dire jamais; l'enfant gâté crie à chaque instant; il devient ainsi insupportable et ne se fait aimer de personne.

Cette observation résume leur avenir.

Celui qu'une raison éclairée façonne de bonne heure aux nécessités de la vie, apprend à les supporter. Il ne s'accoutume pas à tout rapporter à lui ; il sait ce qu'il doit aux autres ; il s'efforce de leur être agréable et de gagner leur affection, qu'il ne regarde pas comme due à sa supériorité. L'adversité le trouve prêt au courage ; elle l'épure au lieu de l'annihiler. Il a reçu les leçons d'une expérience qu'il acquiert ensuite lui-même et, à moins d'une nature exceptionnellement mauvaise, ses instincts fâcheux seront domptés.

Au contraire le baby, dont une mère aveugle fait son idole, est nécessairement voué aux chagrins et aux désillusions. Petit, quelle que soit la faiblesse de ses parents, il y a toujours quelque chose qu'ils ne peuvent lui donner, ne fut-ce que la lune, objet de la convoitise de beaucoup d'entre eux : alors ils crient; lorsqu'ils grandissent, il en est de même : leurs désirs ne peuvent être tous comblés, et ils souffrent.

Les meilleures qualités disparaissent avec une semblable éducation. L'enfant dont on s'occupe exclusivement devient forcément égoïste; il n'aime que lui, que lui seul ; tout se rapporte à lui ; il est le roi du monde ; il ne faut ni lui résister, ni songer à autre chose qu'à le satisfaire. Cette personnalité laisse grandir à son ombre les mauvais instincts ; vous croyez faire un heureux, vous croyez planter dans un jeune cœur les racines d'une affection et d'une reconnaissance éternelle, vous ne faites au contraire qu'un malheureux et un ingrat.

J'en ai vu de terribles exemples.

Un homme gâté par sa mère, au delà du possible, avait reçu de la nature une beauté remarquable. Quand il ne fut plus un enfant, les femmes continuèrent cette œuvre; il eut de grands succès et fit plus d'une victime ; il était incapable de rendre ce qu'on lui donnait.

Il se maria avec une femme laide, assez désagréable mais dévouée ; il la mit à son diapason ; sa mère et elle continuèrent à lui obéir ; elles se soumirent à son despotisme, qu'il exerçait aussi sur ses maîtresses à l'extérieur du logis.

Quand il eut quarante ans, il prit du ventre, ses cheveux blanchirent, sa main, pour laquelle il posait fort, se rida. Il habitait la province ; il avait été jusque-là le coq de l'endroit, mais il en vint de plus jeunes et, peu à peu, il se vit délaissé.

Le chagrin le prit : il lui fallait sa dose d'adulations pour vivre ; ne la trouvant plus ailleurs, il la voulut dans sa maison. Sa femme et sa mère avaient leurs amis, leurs habitudes, et lorsqu'il allait triompher par la ville, elles s'occupaient de ce qui les intéressait personnellement. Comme il ne triomphait plus, il ne consentit plus à ce qu'elles eussent une pensée au dehors de lui et, pour y arriver, il imagina de se faire malade.

Il commença à se plaindre : il avait des douleurs, il avait je ne sais quelles souffrances dont les traces étaient invisibles. Elles ne l'empêchaient nullement de manger. Il avait une mine rubiconde, mais il ne marchait que péniblement et restait dans son fauteuil, où il se faisait bêtement servir par ses esclaves.

Il cessa de travailler, il fit des voyages; à Paris pour consulter les célèbres médecins; il acheta tous les remèdes connus. Il acquit le droit de despotisme et devint de plus en plus tyran, sous prétexte de ses crises. Quand il était seul et ne se croyait pas observé, il marchait fort droit; aussitôt qu'on le regardait, il commençait à se plaindre et se courbait en deux. Par ce moyen, tout ce qui s'approchait ne s'occupait que de lui seul, son égoïsme jouissait au moins de cette façon-là.

Doué d'une excellente constitution, il résista longtemps aux remèdes dont il n'avait pas besoin, mais ils finirent par attaquer son estomac et il mourut après six mois de souffrances, véritables celles-là, d'une maladie du pylore. On peut dire de lui qu'il a succombé à une affection qu'il n'avait pas.

Voici une bien longue digression; elle ne sera pas inutile, si elle peut convaincre quelques parents égarés. Revenons au brillant poète dont nous avons à nous occuper.

Malheureusement pour lui, il perdit son père lorsqu'il était encore très jeune.

Dès qu'il fut en âge de se décider pour une position, sa mère songea à le mettre dans la diplomatie. C'était en 1827; le prince de Polignac était ambassadeur à Londres. La famille de Roger de Beauvoir l'avait beaucoup connu; il avait pour elle une bienveillance particulière; il accepta le jeune homme comme attaché à son cabinet et le fit venir près de lui à l'Ambassade.

Roger de Beauvoir était certainement un des plus jolis hommes de son époque. Il avait surtout une tête superbe qui joignait la régularité des traits à la physionomie. Ses cheveux, d'un noir de corbeau et en même temps fins comme de la soie, bouclaient naturellement. Il avait des dents superbes, un regard de velours dont la finesse n'avait pas d'égale, un vrai regard de chat qui caresse, dont on ne se défie pas et qui cache ses griffes.

C'était tout à fait le type des raffinés du temps de Louis XIII. Il avait comme eux l'air hardi, provoquant même, spirituel au superlatif et, lorsqu'il le voulait, tendre jusqu'à la passion.

Il n'ignorait pas ses avantages ; il les relevait par une grande élégance, par une excessive recherche. Il fut cité de bonne heure parmi les beaux et les dandys ; et, avant d'être un écrivain, il occupait dans le monde une place distinguée.

Son séjour à Londres n'eut qu'une courte durée. M. de Polignac fut bientôt appelé au ministère ; il revint à Paris et Roger de Beauvoir y retourna en même temps. Nul doute que, sans la Révolution, il n'eût été protégé par cette haute influence et ne fût parvenu à une situation considérable.

1830 vint abattre ses espérances. Il avait une belle fortune et n'avait nul besoin d'un état quelconque, si ce n'est comme occupation d'abord, comme ambition satisfaite ensuite. Sa famille avait des principes légitimistes qu'il adopta ; il ne voulait point servir le nouveau régime et rentra tout à fait dans la vie privée.

Ce fut pour lui une succession de plaisirs et de succès. Il était trop enthousiaste, trop exalté pour ne pas prendre à l'extrême et les jouissances et les déceptions, s'il en avait subies. Il fut bientôt un des favoris de la mode, dans le monde qu'il fréquentait ; ses penchants, son éducation, son talent qui se révélait déjà, l'entraînaient du côté de la littérature. Il fut un des membres de cette phalange, dont je parlais tout à l'heure, assurément un des plus célèbres, un de ceux qu'on remarqua le plus.

Il avait une voiture et des chevaux, des domestiques, et il demeurait encore avec sa mère, rue Godot-de-Mauroy, et Dieu sait tout ce que la pauvre femme endura d'inquiétudes en voyant son jeune faucon lui échapper et prendre son vol.

CHAPITRE VIII

L'École de Cluny. — *La Tour de Nesle.* — Voyage en Italie. — M. Ernest Legouvé. — Description de l'appartement d'un lion en 1835. — Un salon. — Ciceri. — Mme du Barry. — Mlle Laguerre. — Une chambre à coucher. — Le soufflet du Dauphin. — La salle à manger. — La bibliothèque. — Thackeray. — Les mercredis de Mme Curial. — Le comte Beugnot. — Le comte de Courchamps. — La marquise de Créquy. — Beyle Stendhal. — La corneille qui abat des noix. — Détails sur Courchamps. — La petite Thérèse. — Le laquais président en 1704. — La duchesse de Coigny. — Le duc son fils. — Coigny et Créquy. — Les Francquetot. — L'appartement d'un chroniqueur. — Une pendule.

Roger de Beauvoir se lia, dès lors, avec toute la pléiade littéraire et poétique qui composa cette génération, jusqu'à présent sans égale dans le siècle. Bien qu'il eût reçu une éducation essentiellement classique dans ses deux collèges, il leva haut et fièrement la bannière du romantisme, mais sans exagération. Il résulte de la première direction donnée à son esprit par ses professeurs une sorte d'atticisme, une correction dans le style, surtout en vers, que la nouvelle école ne comportait pas.

Le premier livre de Roger de Beauvoir, l'*Ecolier de Cluny* parut en 1831, ou tout à fait au commencement de 1832. Il est assez étrange que lors des grandes querelles entre Alexandre Dumas et M. Gaillardet pour la *Tour de Nesle*, on ait si peu parlé de l'*Ecolier de Cluny*, qui les précède, et qui est le même sujet à peu de chose près.

Le fait est tiré de Brantôme; il est donc à tout le monde; les personnages sont historiques; la reine Marguerite de Bourgogne et Buridan appartiennent à l'histoire. Chacun est libre de puiser dans le passé et d'en tirer le parti qui lui convient.

L'*Ecolier de Cluny* eut un grand succès; ce fut un brillant début. Le livre est peut-être plus fidèle à la vérité que ceux qui l'ont suivi. Buridan n'était pas un capitaine, c'était un *écolier* qui devint docteur en Sorbonne et qui ne mourut pas de ses royales amours. Le style avait beaucoup de la tournure du temps et était soigneusement étudié.

Roger de Beauvoir, né en 1809, avait alors vingt-deux ou vingt-trois ans. Il partit presque aussitôt pour l'Italie, avec M. Ernest Legouvé; leurs familles étaient liées, et ils se connaissaient depuis longtemps. Le futur académicien n'était alors qu'un joyeux et aimable jeune homme dont l'esprit s'alliait très bien avec celui du futur auteur du *Chevalier de Saint-Georges*.

L'invasion du choléra les retint plusieurs mois loin de Paris.

La carrière de Roger de Beauvoir était désormais fixée : il comptait parmi les hommes de lettres et y tenait une place distinguée. Il ne cessa de faire des romans à ses moments perdus, car il avait bien d'autres sujets d'occupation. Il était partout; sa position de lion lui imposait l'obligation de se montrer en tous lieux; dans le monde, à l'Opéra, sur la scène et dans sa loge, alternativement. Il était de tous les dîners, de tous les soupers du bel air, il allait chez toutes les actrices un peu connues, et il aidait celles qui ne l'étaient pas à arriver aux premiers rangs.

On le voyait dans les voitures de masques au carnaval; il se distinguait par l'esprit qu'il semait sur sa route avec la même profusion que les dragées. Il allait à tous les bals, masqués ou autres ; et, sans sa belle constitution de fer, il n'eût pu résister à une pareille vie.

Personne n'a ingurgité le vin de champagne comme lui ; c'était sa boisson favorite ; il était pétillant, étincelant comme sa mousse. Il disait dernièrement dans un accès de franchise, en se rappelant sa jeunesse :

— J'en ai bien bu de quoi mettre à flots une chaloupe.

Il quitta la maison de sa mère à son retour d'Italie, et s'en vint habiter rue de la Paix, 12, un appartement qu'il meubla d'une façon splendide. Il est demeuré célèbre dans les fastes de l'élégance et de la galanterie. Cet appartement, situé au second, donnait sur la rue de la Paix et sur la rue Neuve-Saint-Augustin ; le salon faisait l'angle et avait quatre fenêtres, deux de chaque côté.

Le plafond de ce salon était peint ainsi que les trumeaux des portes, par Ciceri. Les meubles dorés, les rideaux et la tenture étaient un ancien lampas rouge et blanc ; le tapis de la Savonnerie, les glaces, la garniture de cheminée, les armoires en bois de rose incrustées de porcelaine de Sèvres, étaient du plus pur Louis XV. Un buste authentique de Mme Dubarry, posé sur une colonne de marbre bleu, faisait vis-à-vis à un portrait de Mme Laguerre. Le peu de tableaux, admis dans ce sanctuaire du temps, étaient tous choisis avec un soin minutieux, tous scrupuleusement de l'époque.

Le reste n'était que miroirs, girandoles de cristal de roche appareillé au lustre, porcelaines et dorures. On était ébloui.

Les armoires vitrées renfermaient une collection précieuse de vieux Sèvres, de vieux Saxe, du Japon et de la Chine ; les figurines les plus rares, des vases, des brimborions de toutes sortes. Quelques livres de choix, dont les éditions et les reliures appartenaient au XVIIIe siècle, étaient rangés sur des rayons de velours.

Tout était complet et rien ne manquait à ce boudoir, que le chevalier de Boufflers n'eût pas renié.

Cette pièce était précédée par une autre, d'un tout autre genre : elles se faisaient valoir mutuellement.

C'était une chambre à coucher tendue de velours noir ; les plinthes et le plafond étaient en chêne vieux et sculpté; il avait fallu de longues recherches pour en réunir les morceaux.

Le lit, également ancien et en chêne, était nécessairement à colonnes torses et à dais; les rideaux, comme les portières, étaient en brocatelle rouge de la même époque que le reste.

La cheminée, aussi en bois sculpté, était surmontée d'une glace à ornements de cuivre et d'ébène, formant des médaillons mêlés à la glace elle-même; elle était terminée par l'écusson de France, écartelé de celui d'Espagne, indiquant suffisamment son origine.

Le soufflet attirait particulièrement l'attention des amateurs; il était en ébène, recouvert par places seulement de morceaux de velours rouge entourés de clous dorés, de manière à former des carreaux ; sur l'ébène étaient trois fleurs de lis et la couronne royale; sur le velours étaient deux dauphins. Ce soufflet avait donc appartenu à un dauphin ou à une dauphine.

Entre les fenêtres, était un prie-Dieu du temps avec les accessoires d'images et de statuettes bien authentiques. Sur une colonne de bois sculpté, on avait posé un enfant Jésus, provenant sans doute de quelque chapelle de château ou de couvent, détruite pendant la Révolution. Rien de naïf comme cette petite statue, dont les vêtements parfaitement conservés portaient cependant deux cents ans de date.

Sur les murailles, étaient des panoplies, composées d'armures, d'épées, de masses d'armes et de tous les engins dont se servaient les chevaliers en ce « temps héroïque. » Sur les tables, sur les dressoirs, tous attestant leur origine, ce n'étaient qu'ivoires précieux, cristaux de Venise, cruches hollandaises, ciselées comme des bijoux. Puis des plats de Bernard de Palissy, des pots allemands de la meilleure école, des émaux du moyen âge, des coffrets de fer et de velours portant leurs dates.

Une longue lettre autographe de Louis XIII au cardinal de Richelieu, se lisait entre deux verres dans un cadre de l'époque.

Les croisées en chêne sculpté avaient des vitraux de couleur d'un grand prix.

La salle à manger était une galerie de tableaux des meilleurs maîtres; à côté, était la bibliothèque en bois d'érable. J'ai sous les yeux le catalogue de toutes ces richesses, dispersées maintenant ; je me suis laissé aller à vous en détailler quelques-unes, pour vous faire connaître le luxe bien entendu d'un lion de cette époque, où l'art dominait toutes les imaginations, où l'on ne se fût pas contenté des curiosités de pacotille, ayant cours aujourd'hui dans le meilleur monde.

Roger de Beauvoir donnait des dîners et des soupers exquis, dans ce palais de fées. Il réunissait les gens de lettres, les artistes et les gens du monde, tous également ses amis. Il écrivait beaucoup dans la *Revue de Paris*, et y fit plusieurs chroniques qui furent très remarquées.

Parmi les intimes, se trouvait en ce temps-là un homme qui a fait beaucoup de bruit depuis dans le monde littéraire, qu'on ne prévoyait guère en ce moment. C'était Thackeray[1], le célèbre romancier anglais. Il faisait des aquarelles, des marines, et il avait beaucoup de peine à gagner sa vie avec son pinceau, lui que sa plume a rendu depuis si riche.

C'était alors un jeune homme assez fantasque, rem-

1. William Makepeau Thackeray, né à Calcutta, en 1811, écrivit d'abord sous le pseudonyme de Michel-Ange Titmarh. Il publia *the Second funeral of Napoelon*, et, en 1856, *Le Livre des Snobs* (*Snob papers*), spirituelle satire des préjugés du monde, surtout de ce trait, du caractère anglais, l'idolâtrie hiérarchique.

pli d'esprit et d'*humour;* il avait un vrai talent pour la caricature et la saisissait en perfection. Il causait par boutade, mais quand il était en verve, il avait des drôleries tout à fait françaises qu'il débitait avec le flegme de sa nature.

Il lutta ainsi pendant assez longtemps contre la misère et la destinée, et, lorsqu'il quitta Paris, ce fut avec la désespérance de ne jamais réussir à se créer une position. On sait ce qu'il est devenu.

Lorsque j'allai en Angleterre, en 1862, j'écrivis un mot à Thackeray en lui rappelant notre ancienne connaissance et en lui demandant de venir me voir. Il n'y manqua pas. Je ne le reconnus pas; ce n'était plus le même homme. Il était devenu triste, en devenant riche; sa santé s'était dérangée; il aimait beaucoup sa femme, presque toujours souffrante aussi, et jamais la fable du savetier et du financier ne reçut une application plus positive dans une même personne.

Je ne le vis qu'une fois; il avait conduit sa femme à Brighton, aux bains de mer, et il y retourna la rejoindre. Il regretta vivement cette impossibilité. Peut-être, en nous revoyant davantage, les souvenirs auraient-ils rappelé sa gaîté.

Roger de Beauvoir était lancé dans tout ce qu'il y avait alors de plus renommé, comme réputation artistique et comme élégance. Nous nous rencontrions tous les mercredis chez Mme Curial, dont j'ai déjà parlé. Elle connaissait sa mère et était heureuse de le recevoir, adorant l'esprit.

Quels dîners nous faisions dans cette maison charmante !

Quand j'aurai rappelé les convives, on le comprendra facilement.

C'était d'abord le comte Beugnot, dont la réputation d'esprit n'est pas à faire.

Le comte de Courchamps, déjà nommé aussi. Il écrivait dans ce temps-là ses ravissants mémoires de la marquise de Créquy.

Beyle ou Stendhal, un habitué de la maison.

La vieille Duchesse, dont je vous ai parlé, frappant à tort et à travers, *comme une corneille qui abat des noix:* jamais ce vieux proverbe n'a trouvé meilleure application.

Il y avait encore quelques allants et venants, choisis parmi les gens du monde les plus spirituels. Roger de Beauvoir était de fondation, et il était bien de force à donner la réplique à ceux que je connaissais.

Ces dîners étaient ravissants : une chère exquise et une conversation comme on n'en trouve plus.

La comtesse Curial avait toutes les façons d'une grande dame; elle tenait sa maison avec un tact rare et une dignité affable, que l'on rencontre rarement.

Le comte de Courchamps, je l'ai déjà dit, était l'esprit incarné, mais c'était aussi sa malice. Il emportait le morceau, et sa morsure était souvent vénéneuse, parce qu'il donnait peu au hasard. Quelles que fussent ses rancunes, il ne racontait guère que ce dont il se croyait sûr. Il connaissait l'univers entier; il avait des détails inédits, des généalogies perdues; il avait un art exquis pour deviner les caractères et pour découvrir ce qu'on cherchait à lui cacher. Il gardait toutes les lettres, le moindre papier ayant quelque importance; aussi, a-t-il laissé, en ce genre, des trésors.

Il racontait comme il écrivait; on eut juré entendre la marquise de Créquy; sa voix vieillotte et tremblante était celle d'une douairière; il chantait des chansons inouïes de ce temps-là; c'était une illusion complète. Il avait de certains couplets :

C'est la petite Thérèse,
Qui voudrait du chasselas;
Elle en va chercher, chez Blaise,
Mais Blaise n'en donne pas.

Le refrain était :

Elle s'en va mordre à la grappe,
A la grappe du voisin.

Quand il chantait cela, c'était inimitable ; on l'eut écouté des heures, d'autant plus qu'il y ajoutait des commentaires, que je ne saurais vous répéter, et qui nous faisaient rire aux larmes.

On ne pouvait nommer personne devant lui, sans qu'il connût son histoire et celle de sa famille. Il en voulait particulièrement aux parvenus et à certaines familles.

Ceux qui prenaient des titres et qui n'en avaient pas, ceux qui se disaient nobles sans l'être étaient promptement immolés par lui, sans rémission et sans grâce. Une fois qu'il avait pris les gens en grippe, il n'y avait plus à revenir. Je sais des gens qu'il a immolés dans *Madame de Créquy*, et cela par un anachronisme.

Il prétend, qu'en 1704, l'ancêtre d'une famille de parlement dont les descendants tiennent aujourd'hui le haut du pavé, était laquais dans la maison de Créquy ; aussitôt que j'eus lu ceci, j'allai le trouver et je lui présentai une réclamation, et je le priai d'y faire droit.

— Ceci est faux, lui dis-je, par une excellente raison, contre laquelle vous n'avez pas de réplique. Le château qu'ils habitaient a été bâti en cette même année par leur trisaïeul, Président au parlement de Paris : il ne pouvait donc être en même temps laquais, la date est dessus et l'architecture en fait foi.

— Ah ! bah ! me dit-il, c'est arrangé depuis ; d'ailleurs, le volume est imprimé ; il fallait le dire avant.

— Comment le savoir ?

— Et, qu'est-ce que cela leur fait ? Ils sont assez riches. C'est aujourd'hui la meilleure noblesse.

Je n'en pus rien tirer de plus et cela y est resté.

Du temps de nos dîners à l'hôtel Curial, il écrivait les derniers volumes ; il était à bout d'anecdotes, et il en prenait partout. La comtesse s'y intéressait fort ;

elle en demandait à tout le monde; chaque mercredi, quand nous arrivions, son premier mot était ceci :

— Apportez-vous quelque chose à M. de Courchamps ?

Il avait un talent merveilleux pour ajuster la poudre et les mouches aux histoires du jour; une fois rhabillées par lui, on ne les reconnaissait plus ; elles avaient un tout autre caractère.

Lorsqu'il commença ses mémoires, il les avait mis sous le nom de la duchesse de Coigny, qui venait de mourir, et dont l'esprit justement célèbre lui donnait toute latitude.

Le duc de Coigny, son fils, en fut instruit et lui fit dire qu'il s'opposerait par tous les moyens possibles à la publication du livre.

En quelques jours, il ôta tout ce qui était Coigny et et le changea en Créquy, très sûr que personne ne dirait rien, les Créquy étant éteints complètement.

Les Coigny y gagnèrent des épigrammes sur leur nom de Franquetot et sur la nouveauté de leur titre : il n'osa pas en dire plus.

Lorsque je connus Courchamps, il demeurait rue Saint-Honoré, près de la place Vendôme, presque à l'angle de la dernière porte cochère, en face de la rue Castiglione, à droite.

Son appartement, au second, était un vrai capharnaüm; ce qu'il y avait de magots, de figurines, de cristaux de Venise, de porcelaines de toutes les fabriques connues, ne peut se nombrer. C'était un des plus fins connaisseurs, un de ceux qui contribuèrent le plus à la résurrection du rococo; il avait des merveilles en ce genre, qu'on ne saurait estimer. La pendule de sa chambre était un Éléphant de Saxe, portant sur son dos :

Une sultane de renom,
Son chien, son chat et sa guenon,
Son perroquet, sa vieille et toute sa maison.

La réunion était complète et charmante.

Voilà deux fois déjà que je vous cite ces vers à propos de M. de Courchamps, l'homme le plus prosaïque du monde ; en vérité, c'est abuser de la permission.

CHAPITRE IX

L'appartement de Courchamps. — Ses autographes. — *L'Art de la gueule.* — Son livre de cuisine. — *Madame de Créquy.*— *Les Nuits de Berlin.* — *Le Val funeste.* — Procès. — Explication du *Val.* — Heur et bonheur. — Les Montcharmes. — La femme à barbe. — Le tartan. — Les curiosités. — Les magots et leurs langues. — Légende. — Mme et Mlles Du Hautvillers. — Généalogie. — Le pour et le contre. — La comtesse Fanny de Beauharnais. — Les vers de *Britannicus.* — *Le Jeu de la Reine.* — Le marquis de la Grange. — Portraits de Courchamps. — Beyle-Stendhal. — Comparaison. — *Le Rouge et le Noir.* — *La Chartreuse de Parme.* — Propos de duchesses. — Portrait de Stendhal. — La princesse de Masjalsky. — *Les Précieuses ridicules.* — Roger en Mascarille. — Régnier. — Saint-Félix. — Les conversation chez Elim. — L'école buissonnière. — Le singe vert. — Le distique. — Emeute. — La grande bande. — Les histoires connues. — L'épicier et les pruneaux. — Les poires tapées. — Roger enfant de chœur.

Il n'avait là que des pièces meublées avec toutes les curiosités de la terre ; sa collection avait un mérite de plus que les autres; presque tous les objets qui la composaient étaient des souvenirs. Il avait une anecdote pour chaque figurine, et rien n'était plus curieux que de visiter avec lui ce petit musée.

Ses autographes étaient précieux et en grand nombre. Il avait une patience énorme, celle des notes. En rentrant, chaque soir, il écrivait tout ce qu'il avait entendu dire, tout ce qu'il avait deviné, et

Dieu sait la quantité de renseignements qu'il aggloméra ainsi.

Courchamps était très gourmand ; il aimait à bien manger et, suivant l'expression des religieuses, c'était un bec fin. Il avait une multitude de recettes de cuisine qu'il prenait partout, jusque chez les portiers, où l'on faisait les meilleurs bouillons connus, assurait-il avec raison. Il a laissé un livre qui traite de cette grave matière : *L'Art de la gueule*, qui est presque aussi spirituel que la *Physiologie du goût*, mais beaucoup plus pratique.

Son chef-d'œuvre littéraire est *Madame de Créquy;* c'est ravissant, les premiers volumes surtout; quand ils parurent, presque tout le monde y fut pris : on les crut authentiques, bien des gens se querellaient à cet égard; c'est, en effet, un pastiche merveilleux. Le style est tout à fait celui de l'époque ; on croirait qu'il en vient. Le livre est semé de réflexions et d'historiettes des plus amusantes. Il a donné bien de l'esprit à sa douairière, mais il ne lui a pas donné un cœur bien tendre. Est-ce de la vérité historique, ou bien est-ce un reflet de lui-même ? Je laisse à de plus habiles le droit de le décider.

Après *Madame de Créquy*, il se reposa longtemps; puis, il fit les *Nuits de Berlin;* il y a un abîme de l'un à l'autre et l'on en fut très surpris; cette surprise nuisit encore au succès de l'ouvrage; on attendait autre chose, et le désappointement fut grand.

Courchamps eut une affaire très désagréable à cause d'un autre recueil de nouvelles, le *Val funeste*, qui devait former des espèces de *Mémoires de Cagliostro.* Il vendit ces nouvelles à la *Presse*, qui en commença la publication. Au bout de huit jours, le *Courrier Français* fit une annonce par laquelle il prévenait ses abonnés qu'il donnerait, chaque soir, le feuilleton que la *Presse* imprimerait le lendemain.

Ce qui fut dit fut fait ; et l'on juge si la rumeur fut éclatante.

Plaintes du journal, cris de tous les autres ; on arrêta le feuilleton, et un procès fut intenté à l'auteur.

Je ne me rappelle plus s'il le gagna, mais je sais quelle était sa version à cet endroit. Il disait avoir écrit, je ne sais plus dans quel pays, ces mémoires, d'après des papiers provenant de Cagliostro lui-même, il en avait la certitude. Le hasard l'avait mis en relations intimes avec une sorte de chevalier d'industrie. Il ne se méfiait pas de lui, et lui avait confié une partie de son manuscrit. Celui-ci en prit une copie et en publia à l'étranger, sous son nom, un petit volume, justement celui que le *Courrier* avait déniché ; mais ce n'était pas le quart de l'ouvrage, et il défiait que pour le reste on pût lui en montrer une panse d'a.

Quoi qu'il en soit, la publication dans le journal ne fut pas reprise ; et je ne crois pas que le *Val funeste* ait été mis en volume, je ne l'ai jamais vu du moins.

Nous avons eu quelque chose de ce genre dans ces dernières années ; seulement, ce qui avait porté malheur à l'un porta bonheur à l'autre. Le pauvre Courchamps fut enterré dans cet incident désagréable ; l'autre écrivain gagna, au contraire, à la controverse que souleva le fait, une réputation précoce. On commença à parler de lui bien avant le moment où l'on a coutume de le faire pour les débutants, et ses campagnes lui comptèrent double.

Après ce déboire, Courchamps s'établit aux Montcharmes et s'y installa pour ainsi dire ; il ne sortit presque plus, et passa une grande partie du temps dans son lit. Sa toilette était toute particulière ; il portait un bonnet de femme et un tartan, on eût juré une vieille maman travaillant sur sa petite table de nuit. Il écrivait ou lisait sans cesse, recevait ses amis et ses disciples — il en avait — il faisait pleuvoir plus que jamais ses épigrammes sur le reste.

On raconte qu'un Monsieur, qui avait affaire à lui et qui ne le connaissait pas, lui demanda en entrant d'un air tout effaré.

— Madame, j'ai besoin de parler à Monsieur de Courchamps, pourriez-vous me dire où je le trouverai?

Comme il s'ennuyait de recevoir ce fâcheux, il lui répondit avec le plus grand sang-froid :

— Mon Dieu! Monsieur, je suis désolée, vous ne le trouverez plus maintenant, il est allé se faire enterrer.

L'autre se retira avec le compliment qui l'étonna fort. Il dit en sortant au portier qu'il n'avait trouvé qu'une vieille folle, et que M. de Courchamps n'y était pas. On en a bien ri dans le monde.

Il avait transporté là toutes ses richesses; il se complaisait à les voir. C'étaient, disait-il, ses amis et ses confidents. Ses magots tirant la langue, ses mandragores, ses grotesques Japonais, ses bergères; tout cela lui allait à ravir, il les lui fallait pour le compléter; il n'eût point vécu sans cet entourage, qui a dû, ce me semble, disparaître avec lui. Il y avait du fantastique dans cet homme-là.

Maintenant, qu'était Courchamps? Ici commence sa légende et je ne crois pas que personne le sache très positivement. La vérité me fait un devoir de rapporter plusieurs versions. Quant à moi, je penche pour la bonne, et j'ai d'excellentes raisons pour cela.

Je connais beaucoup sa nièce, Mlle du Hautvillers. Il avait une sœur qui était femme d'un gentilhomme de ce nom, et mère de deux filles. Elles ont habité toutes trois Vendôme assez longtemps; elles y étaient fort estimées. La mère est morte, les filles sont restées à Blois, où elles s'étaient rendues pendant les dernières années de la vie de leur oncle; il lui avait pris le désir de revoir sa sœur et de demeurer chez elle.

Une des demoiselles du Hautvillers est malade, l'autre fort intelligente et fort usagée est très bien vue à Blois, où elle va dans les plus grandes maisons. Elle a hérité de tous les papiers de son oncle, et en avait des malles pleines. Il a laissé, assure-t-on des mémoires ; il ne s'agit que de les mettre en ordre. Ils doivent être bien curieux.

Mlle du Hautvillers possède une généalogie très en règle, prouvant l'ancienneté de la famille de sa mère. D'après cette généalogie, le comte Maurice de Courchamps tiendrait à ce qu'il y a de mieux en France ; il ne serait pas *Chanoinesse* de plusieurs chapitres, ce qui est une plaisanterie de Roger de Beauvoir, mais il avait plusieurs ordres étrangers de haute distinction. Ceci doit être vrai, puisqu'une personne honorable l'affirme et peut même le prouver.

Ce qui est certain, et ne peut être démenti par personne, c'est que M. de Courchamps voyait la meilleure compagnie de Paris, qu'il avait pour amis des gens très haut placés, que ses façons étaient celles du plus excellent monde, et que tout révélait en lui la fréquentation habituelle des grands seigneurs.

Ses ennemis répondaient facilement à ces objections, prétendaient-ils. On conçoit que le genre de son esprit devait lui en créer un grand nombre; ils faisaient rage contre lui.

Selon eux, Maurice de Courchamps avait pris ses manières dans les maisons où il avait occupé un emploi ; s'il fallait les en croire, il aurait été secrétaire de la comtesse Fanny de Beauharnais, cette spirituelle chanoinesse à qui il donna plus d'un coup de patte dans ses Mémoires. Il lui fait prendre entre autres des vers de Racine dans *Britannicus*, pour une tirade composée par une femme de la cour, en lui refusant un changement de campagne.

On veut encore qu'il connaisse si bien Mme de Créquy et les siens, pour avoir été aussi près d'elle, en cette même qualité de secrétaire.

Ceci ne prouve rien : pendant la Révolution et même depuis, les gens les plus distingués, les grands seigneurs ont fait tous les métiers pour vivre, ce qui n'ôtait pas un quartier à leur noblesse.

Les curieux ajoutent une foule de choses que je ne répéterai pas ; d'abord, je les ai oubliées, ensuite je n'y crois pas, et puis j'ai eu de très bons rapports avec cet homme qu'on attaque parce qu'on n'a pu l'atteindre. J'étais du petit nombre de ceux qu'il ménageait un peu ; je dois beaucoup à ses bons conseils. Je lui ai dédié mon premier livre, le *Jeu de la Reine*, et je garde comme mon plus beau titre une lettre du marquis de la Grange à ce sujet.

Lorsque les deux volumes parurent, il écrivit à M. de Courchamps pour lui faire son compliment, persuadé qu'ils étaient de lui. On ne pouvait rien me dire de plus flatteur que d'attribuer mon premier essai à l'auteur de *Madame de Créquy*. Celui-ci me donna la lettre, et je l'ai encore.

Courchamps était d'une taille très moyenne, un peu gros. Son visage n'avait d'autre mérite qu'une physionomie pétillante de malice et d'esprit. Ses yeux perçaient jusqu'à l'âme, et l'on n'en pouvait soutenir l'éclat, pour le peu qu'on eût quelque chose à se reprocher. On peut dire de lui, ce que je ne sais plus qui disait de Voltaire : « Il suait l'épigramme. »

Ce n'en était pas moins un homme comme on n'en voit plus guère ; il avait non seulement le fond, il avait aussi la forme de ce qui se perd chaque jour. Il était de ceux qui savent tout dire et tout faire passer, même les plaisanteries les plus fortes, même les injures ; il avait l'art d'envelopper ses mots de telle sorte qu'on ne pouvait s'en offenser.

Beyle Stendhal, qui tient dans la littérature une place bien supérieure à celle de M. de Courchamps, n'avait pas du tout le même genre de conversation.

C'était aussi un homme de beaucoup d'esprit, plus élevé que celui du comte, mais moins pimpant. La causerie de celui-ci était pondérée, celle de Stendhal était quelquefois sérieuse, et quand il riait ce n'était pas dans le genre des douairières du dix-huitième siècle.

Ces deux esprits étaient sans cesse en querelles courtoises. Stendhal, profondément athée et tout à fait dans les idées modernes, était précisément l'antipode de Courchamps, monarchique et religieux. Ils ne se passaient rien et se picotaient sans cesse. Il n'était pas un mot, pas une idée, qui ne fût matière à discussion. Mme Curial se plaisait à les exciter, car cette petite guerre était bien amusante. De temps en temps, la duchesse jetait son mot d'un côté ou de l'autre de la balance, suivant les inspirations de son étrange cerveau. Elle était tantôt d'un parti, tantôt de l'autre.

Ses idées aristocratiques s'arrangeaint avec celles de M. de Courchamps ; ses souvenirs et sa jeunesse, un peu voltairienne, la faisaient quelquefois pencher pour M. Stendhal.

Le Rouge et le Noir avait paru depuis plusieurs années ; je ne me souviens pas si *la Chartreuse de Parme* avait déjà été publiée ; je crois que oui, néanmoins. *Le Rouge et le Noir* avait soulevé de grandes controverses. Le rapprochement de Mlle de la Mole avec la reine Marguerite n'avait pas plu à tout le monde. Peu de femmes se souciaient de porter sur leurs genoux la tête de leur amant décapité. La duchesse ne s'en arrangeait pas ; elle en aurait peut-être pris son parti si c'eût été un seigneur, mais un paltoquet, fi donc ! et Mlle de la Mole encore, ce n'était pas la peine de ressusciter le nom pour cela.

Et puis, pourquoi *le Rouge et le Noir ?* Le rouge était le sang de ce petit monsieur, mais le noir ?

Stendhal répondait à tout cela avec un esprit et une légèreté dignes de l'Œil de bœuf, mais cela ne lui arrivait pas toujours.

C'était un homme de plus de quarante ans ; il était un peu gros et blond ; son visage ne manquait pas d'un certain agrément ; il avait de la physionomie, bien qu'il ne fût pas beau. Il m'imposait fort ; je n'avais pas l'habitude du monde littéraire, je craignais ces grands esprits et je n'osais parler devant eux. Je me suis repentie très souvent de n'avoir pas mieux et plus profité des occasions ; on n'a pas souvent une telle facilité de causer avec un des hommes les plus distingués de l'époque.

La princesse Masjalsky nous recevait, non seulement les jours de ses réunions, mais de plus elle nous donnait de charmants dîners, où il se dépensait assez d'esprit pour en défrayer vingt provinces.

On jouait la comédie assez souvent chez elle. Il y eut une excellente représentation des *Précieuses ridicules*. Elim était un Jodelet parfait; jamais on ne vit tant de gilets et, comme il était très long, très maigre, cela produisit un effet très comique. Saint-Félix en Gorgibus, Lassailly, on le sait, en Almanzor, étaient très drôles ; mais rien ne peut se comparer à Roger de Beauvoir-Mascarille. Je ne crois pas que jamais on ait mieux joué ce rôle.

Il avait un costume splendide; il disait en perfection. Régnier, son camarade de collège, avait été son professeur. Son entrée en chaise à porteurs dans le salon fut magnifique, et il eut un succès fou au fameux madrigal. Le cri : au voleur! fut lancé merveilleusement. Rien de gai, d'étourdissant, comme Roger de Beauvoir à cette époque; il était le joyeux grelot de ce cercle composé d'éléments divers et spirituels. Un des plus drôles, qui le croirait! était cet excellent Jules de Saint-Félix, le poète de *Cléopâtre* et des *Nuits de Rome*. Il avait cependant déjà essayé de la cour et de la politique; mais il était si jeune d'âge et de caractère!

A vingt et un ans, il fut attaché au cabinet du ministre de la maison du roi Charles X, bien entendu. Sa Majesté le connaissait et ne manquait pas de lui parler chaque fois qu'elle le rencontrait, n'importe où. On sait avec quelle grâce et quelle bonté le vieux monarque s'adressait à ses serviteurs. Il tutoyait Saint-Félix comme un enfant à lui, peut-être à cause de son oncle le vicomte d'Agoult, premier écuyer de Son Altesse Royale Madame la Dauphine et décoré des ordres du Roi, c'est-à-dire du cordon bleu.

En 1830, Jules de Saint-Félix accompagna la famille royale à Rambouillet. La maison du roi fut licenciée et il ne voulut jamais prendre du service sous le régime de Juillet ; il resta fidèle et dévoué à son vieux maître ; sa carrière se trouva ainsi brisée.

Mais la jeunesse est une si belle chose ! Elle triomphe de tout. Il oublia ses rêves d'ambition pour ceux du poète, et tout poète qu'il fût, il redescendait sur la terre pour rire avec nous, de ces bons rires de vingt ans qu'on ne retrouve plus.

Très souvent, lorsque la princesse, fatiguée et souffrante, voulait se coucher, tout le monde montait chez Elim, et nous y restions une partie de la nuit, presque toujours à causer sérieusement de littérature et d'art. Il y avait là tant de jeunes gens d'élite, aspirant vers le beau, qu'on ne saurait rendre les magnifiques élans qui nous entraînaient. Je ne vois plus aucune trace de cet enthousiasme dans la jeunesse d'à présent.

Ensuite, quand le temps était beau, toute la nombreuse bande reconduisait à pied les femmes qui se trouvaient là, même celles que leurs maris accompagnaient. Vous jugez quelles promenades et à quelle heure on rentrait chez soi!

C'était le moment de l'école buissonnière. Saint-Félix et Roger de Beauvoir s'en allaient en éclaireurs, cherchant quelques bons tours à faire aux excellents bourgeois qui dormaient, et ils en trouvaient toujours. Il faudrait un poème comme *le Lutrin*, pour les raconter dignement. Il en est un pourtant, que je ne saurais passer sous silence, car il mit tout un quartier de Paris en émoi.

Il y avait dans une belle et large rue un tabletier, ayant pour enseigne un singe bleu ou vert, je ne sais plus au juste. Ce singe, de la grandeur d'un petit sapajou, était en bois peint et posé sur un coussin de même espèce. On l'avait fixé au-dessus de la porte avec de forts crampons de fer et, quand la boutique était fermée, il restait néanmoins à sa place.

Il leur vint dans l'esprit de décrocher ce singe, et ils se mirent à en chercher les moyens. Il s'agissait de faire ployer les attaches de fer ; ils y essayèrent plusieurs fois de suite, aidés de toute la compagnie. L'animal résista aux efforts les plus violents. Ce fut alors une espèce de duel entre ces messieurs et lui.

— Il tombera ! disaient-ils.

— Il ne tombera pas ! répondait la galerie.

L'amour-propre s'en mêla, ils imaginèrent toute une stratégie ; je vis le moment où ils inventeraient des machines, comme les anciens, lorsqu'ils faisaient un siège.

Ils trouvèrent la façon d'attacher des cordes à la figure, de nouer ces cordes à un fiacre et de les faire tirer par les chevaux. Tout ce qu'ils gagnèrent, ce fut de faire ployer les branches de fer ; le singe eut le nez en bas, mais il tint bon, aucun coup de collier ne put en obtenir davantage. Pour se venger alors, ils écrivirent en grosses lettres, à la craie, sur les volets du magasin, un magnifique distique :

Est-il... trompé... M. X ?
Le singe vert ne dit pas non.

Le lendemain, dès l'aube, ils voulurent être là pour juger de l'effet ; ils ne s'étaient pas couchés naturellement. Les fruitières, les épiciers, les portiers surtout, tous ceux enfin qui sortirent de bonne heure, dans cette grande ruche parisienne, furent frappés du renversement du singe ; d'autant plus que ces bons matois s'étaient arrêtés en face, et commençaient des jérémiades sans fin sur l'audace des malfaiteurs qui ne respectaient rien, pas même l'enseigne et l'honneur d'un commerçant.

Au bout de cinq minutes, il y eut un rassemblement; un quart d'heure après, il y eut foule et, quand le marchand ouvrit sa boutique, il la trouva entourée de tous les passants et de toutes les commères du lieu. On juge de son saisissement et de sa colère.

Cela fit presque une émeute, et le distique fut répété par toutes les bouches, avant la fin de la soirée. Voilà comment des étourdis ameutèrent toute la marmaille contre ce pauvre homme, qui dut encore par-dessus le marché faire relever son singe. Il a survécu à ces tempêtes — j'entends le singe — nous l'avons vu triomphant à la même place, pendant bien des années.

C'était alors la fin de ces joyeuses farces, que la fameuse bande de Romieu [1], d'Eugène Süe, de M. de Montalivet, avaient mises à la mode sous la Restauration. Ces jeunes gens-ci étaient les derniers des jeunes; après eux il n'y en eut plus, de cette espèce du moins. Le sérieux, l'ambition, l'argent envahirent jusqu'à la vingtième année, et l'on commença à ne plus savoir s'amuser que dans les orgies ou en se cassant le cou dans les steeple-chase, ce qui n'est pas de la gaîté ni de la jeunesse, mais de la débauche et de la vanité.

Tout le monde connaît l'histoire du portier et de ses cheveux, celle du lampion posé dans la rue sur le futur ministre, ivre-mort et couché mollement dans la boue. Il en est deux moins répandues et qui valent la peine d'être conservées; elles doublent de prix lorsqu'on a connu le héros, Romieu, dont je parlerai plus tard sérieusement et en détail.

Il passait un soir devant la boutique d'un épicier, étalant des tonnes pleines de pruneaux et d'autres denrées. Il lui vint une pensée abominable; sous prétexte que les épiciers étaient ses ennemis personnels,

1. Auguste Romieu (fils du général Romieu), né à Paris le 17 octobre 1800; préfet sous Louis-Philippe, puis directeur général des beaux-arts. Voir, p. 233, ch. XXI, les notes sur Romieu, par Roger de Beauvoir.

il n'y avait pas de tours qu'il ne leur fît. Il s'approcha donc des pruneaux de ce brave homme et se mit à les traiter, comme il eût fait de la borne voisine; les kiosques hospitaliers n'existaient pas encore.

L'épicier ne s'en aperçut pas tout de suite, mais le hasard fit qu'un instant après, il tourna les yeux de ce côté.

Il se leva furieux et s'élança vers le profanateur.

— Est-il bien possible! s'écria-t-il, qu'est-ce que vous faites là? gredin, misérable! Voici mes pruneaux perdus! Vous me les payerez...

— Tiens, répondit l'autre, sans s'émouvoir, tiens! tiens! tiens!... Ce sont des pruneaux? Je croyais que c'étaient des poires tapées!...

Et il s'en alla en riant, comme s'il eut donné une explication valable à son action insolite, et comme si la circonstance des poires tapées eut été une raison sans réplique pour l'excuser. L'épicier fut tellement stupéfait de ce sang-froid, qu'il ne pensa pas à le poursuivre; quand il revint à la colère, il était trop tard, Romieu avait disparu.

Mon Dieu! qu'il était comique en racontant cela!

Voici maintenant la seconde histoire de Romieu.

CHAPITRE X

Un tour sur le pont des Arts. — Un bon bourgeois. — Cinq cents badauds. — Le niveau de l'eau. — Quelle heure est-il? — L'illustre Arago. — Saturne et tout le firmament. — La queue du cheval d'Henri IV. — Triomphe d'un empressé. — Le pavé. — Chœur de pied-de-nez. — Différence des écoles et des sociétés — Pourquoi elles étaient ainsi. — Les Tours de Nesle. — Les livres de Roger de Beauvoir. — *Ruysh*. — *Le Chevalier de Saint-Georges*. — Mélesville. — Anecdotes. — Le marquis Henri de Saint-Georges. — Une erreur de nuances. — Pièces de Roger de Beauvoir. — Ses vers. — Ses contrariétés. — Son esprit.

Romieu était un jour sur le pont des Arts, bâillant aux corneilles et cherchant un tour à faire aux *bons bourgeois;* il avait avec lui ses accolytes et, après avoir bien cherché, ils trouvèrent celui-ci.

Ils s'en allèrent quérir un gros pavé et une longue corde, puis ils se séparèrent. Romieu resta seul sur le pont avec la corde; les autres louèrent un bateau, et s'en allèrent l'amarrer sous le pont, en se cachant de leur mieux.

Quand la mise en scène fut terminée, Romieu s'appuya sur le parapet, tenant la corde, qui pendait dans le fleuve, entre le pouce et l'index. Il avait eu soin de se placer en face de la statue d'Henri IV, sur le Pont-Neuf, et il faisait des contorsions de toutes sortes, si bien que les passants se mirent à le regarder.

Une personne s'arrêta.

On sait ce que c'est à Paris : quand il y en a une, il y en a vingt au bout d'un instant, il y en a cinquante, puis cent, puis la foule. Ils étaient là tous réunis.

— Qu'est-ce que c'est ?

— Je ne sais pas.

— Demandez-le, s'il vous plaît...

— On l'ignore; c'est un monsieur qui est là, avec une corde, et qui regarde Henri IV.

Ces rumeurs coururent jusqu'à ce que le plus proche voisin de Romieu prît enfin son parti. Le diable lui avait justement envoyé l'homme qui lui convenait pour ce qu'il voulait faire. Un bon rentier, oisif, curieux, faisant sa promenade du matin et ramassant des incidents pour les raconter à sa femme en rentrant chez lui. Il ouvrait des yeux immenses et suivait tous les mouvements du mystificateur, ne comprenant rien à ses exclamations étouffées et à cette position sur le parapet, la corde à la main.

Prenant un air agréable, il se décida à servir d'interprète à toute cette foule, qui attendait impatiemment et que la curiosité dévorait.

— Monsieur, dit-il, serait-il indiscret de vous demander pourquoi vous êtes ainsi appuyé sur le pont et ce que vous faites de cette corde?

— Monsieur, grommela Romieu entre ses dents, c'est pour le niveau de l'eau.

— C'est pour le niveau de l'eau! répéta vite le bourgeois, tout fier d'être le premier instruit.

La bonne pièce qui se moquait si bien de ces braves gens continua à parler pour lui-même d'une façon inintelligible, et son regard allait de Henri IV à l'horloge de l'Institut. Ceux qui s'approchaient ouvraient des yeux et des oreilles avides ; on n'avait fait qu'allécher leur envie de savoir. Le « niveau de l'eau » avait été jusqu'à l'extrémité du groupe, mais l'explication se faisait bien attendre.

Il faut ajouter qu'à cette époque il n'y avait aucun sergent de ville.

Le bourgeois se pourléchait de curiosité; l'air de Romieu n'était pas précisément engageant; il tapait des pieds, et ses murmures, ses regards vers l'horloge devenaient de plus en plus désolés et fréquents. Enfin, sans retourner la tête, il dit de lui-même à son voisin :

— Monsieur, quelle heure est-il?

— Monsieur, il est une heure moins vingt minutes au cadran des Quatre-Nations.

— C'est bien, monsieur, merci.

— Qu'a-t-il dit? demandent vingt personnes.

— Il s'est informé de l'heure.

Ces mots : « il s'est informé de l'heure » courent de bouche en bouche.

Le mystificateur, en même temps, murmurait tout en ayant l'air de prendre des distances jusqu'à la statue.

— Une heure moins vingt... il n'y sera pas... et personne !...

Immédiatement, cet *il* fit le tour du cercle et fut commenté de dix façons différentes. Le bourgeois en salivait; il n'y tint plus et reprit, d'un ton si modeste, qu'il était impossible de s'en fâcher :

— Monsieur attend quelqu'un ?

— Certainement, monsieur, j'attends quelqu'un, et ce quelqu'un ne vient pas; l'expérience va peut-être manquer. Quelle heure est-il, monsieur?

— Monsieur, il est une heure moins un quart.

— Une heure moins un quart? quelle inexactitude! de la part d'un pareil homme! Cela n'est pas croyable.

Tout ceci fut plutôt balbutié que prononcé, et avec un air de brusquerie, de mauvaise humeur; la réponse n'en courut pas moins.

— Monsieur, hasarda timidement le brave homme, si l'on savait, l'on pourrait peut-être...

— Mon Dieu! monsieur, vous me semblez une personne discrète, et je crois pouvoir m'en rapporter à vous. D'ailleurs, dans ma position...

— Ah! oui, monsieur, vous pouvez vous fier à moi, s'écria le bourgeois, grésillant d'impatience.

— Monsieur, eh bien, monsieur... D'abord quelle heure est-il?

— Monsieur, une heure moins douze minutes et demie, juste.

— Mon Dieu! mon Dieu! nous n'arriverons pas! Cette expérience, monsieur, est des plus importantes. Voici le fait : il s'agit de s'assurer du niveau de l'eau et de son influence sur les mascarets et sur les marées; on ne peut s'assurer du fait qu'une fois tous les cent ans, à cause de certaines combinaisons atmosphériques. C'est aujourd'hui, à une heure précise, que le soleil entrera dans la douzième maison du zodiaque, et qu'il se trouvera directement en conjonction avec Jupiter et ses satellites, Saturne et ses anneaux. Le moment précis passé, la science perd un des plus précieux renseignements qu'elle puisse obtenir. Le but de toute ma carrière a été d'y contribuer pour ma petite part, et je crois que je deviendrai fou, si je dois renoncer à cette expérience.

— Je comprends, je comprends, monsieur; pourtant qui vous empêche?... vous êtes là...

— Monsieur, je ne peux pas opérer seul; je ne suis que l'indigne préparateur... J'attends Arago, monsieur, le grand Arago, rien que cela!... Je ne comprends pas comment il oublie l'heure; il est ici près, chez un autre savant, afin de se trouver plus à portée...

— Alors, monsieur, il faut le prévenir.

— Sans doute, monsieur, il faut le prévenir, mais comment faire? Moi seul je puis pénétrer dans le sanctuaire, où il est enfermé avec un autre empereur de la science, et ma présence est indispensable ici...

— Il va venir, monsieur; le grand Arago ne peut oublier...

— Il doit y avoir quelque malentendu ; je tremble, monsieur, quelle heure est-il ?

— Monsieur, une heure moins neuf minutes et un tiers.

— Allons, il n'y a plus à balancer ; prenons un parti, la responsabilité est trop grande ; entre deux maux il faut choisir le moindre. Vous avez évidemment une haute intelligence, vous me remplacerez ici, puisque vous voulez bien me l'offrir, tandis que vous ne feriez qu'une démarche inutile auprès du grand homme. Écoutez-moi donc bien, je vais vous donner mes instructions...

Il eut fallu voir le bourgeois, comme il se rengorgeait !

La conversation précédente avait eu lieu à demi-voix ; à peine si on en avait saisi quelques phrases ; néanmoins, elle circula par bribes ; le nom de M. Arago fut prononcé, et la chose prit dès lors une importance réelle. Les mots « expérience, tous les cent ans, l'eau, la marée, » se répétèrent ; ce fut une traînée de poudre. Heureusement, les voitures ne passaient pas sur le pont des Arts, sans quoi la circulation eût été interrompue.

— Maintenant, monsieur, reprit Romieu, écoutez-moi bien. Vous voyez la statue d'Henri IV, là-bas, au-dessus de l'îlot, devant vous. Il faut que la corde reste parallèle avec la queue du cheval, sans dévier. Elle doit être tenue avec le pouce et l'index de cette façon...

Il allongea la main et lui montra la manière, en lui recommandant bien surtout de ne pas bouger ; puis il lui passa la corde et le pria d'essayer devant lui, afin qu'il partît plus tranquille.

Le bourgeois n'y manqua pas ; il crevait dans sa peau, car tout le monde le regardait et il allait devenir un personnage important. Il prit la ficelle, la plaça tout à fait en face de la statue, et tint magistralement son engin.

— Très bien ! très bien ! monsieur ; je ne m'étais

pas trompé; votre intelligence est supérieure. Il est une heure moins six minutes, j'ai le temps de ramener M. Arago pour une heure. Il vous remerciera chaleureusement, et l'Institut tout entier vous témoignera sa reconnaissance. Votre nom ira à la postérité, monsieur; dites-le moi, je vous prie, afin que je puisse le transmettre aux races futures.

La brave dupe fit des petites mines, comme une coquette qui brûle d'accorder une faveur et qui veut qu'on la sollicite. Il prononça enfin un de ces noms incolores qui courent les rues.

— Soyez sûr, monsieur, que d'ici à quelques jours tous les journaux retentiront de ce nom, jusqu'ici connu seulement par vos bonnes œuvres, et qu'il sera illustré d'un bout de l'univers à l'autre. Attendez-moi, avant un quart d'heure je serai ici, avec mon illustre professeur.

Romieu se faufila parmi la foule et disparut.

Le bourgeois devint, par son absence, le point de mire de tous les regards; on se pressa auprès de lui, on l'interrogea, on l'examina. Il s'efforça de prendre l'air important, dégagé et préoccupé tout à la fois de son prédécesseur, et répondit du haut de sa majesté à ceux qui lui adressaient des questions :

— C'est pour le niveau de l'eau... Tous les cent ans... la marée... M. Arago!

Et il affectait de chercher l'horloge de l'Institut, à l'instar de son maître; puis il s'efforçait surtout de tenir la ficelle à la place indiquée, ce qui devenait de plus en plus difficile.

Au premier moment, la corde ne se tendait pas et obéissait à la direction. Peu à peu elle résista, elle s'alourdit; il semblait qu'un poids assez pesant la tirât par en bas; ensuite, il fallut employer la force pour maintenir la main à la hauteur voulue; enfin, la force ne suffit pas, et malgré sa bonne volonté, le novice immortel fut obligé de céder à l'attraction plus puissante que son désir.

En ce moment, une heure sonna.

— Ah ! s'écria-t-il, il ne l'aura pas trouvé !... quel malheur ! Je suis obligé de céder, c'est là l'obstacle qu'il avait prévu. Avant cent ans, on n'en aura pas davantage.

Ses yeux se portèrent par hasard sur le quai, à sa droite, celui qui longe l'Institut ; il était relativement désert. Le bourgeois resta stupéfait en apercevant sur le parapet l'élève d'Arago, dansant un cancan prématuré et lui faisant des deux mains le fameux geste du gamin de Paris.

Il fut blessé jusqu'au fond de son amour-propre et, comme il baissait les yeux par honte, il découvrit au bout de la corde qu'il tenait machinalement encore, un gros pavé attaché en croix et gisant au milieu du bateau où ses acolytes sous les armes l'attendaient dans la même posture.

On juge s'il prit la fuite, en vouant les *gausseurs* aux dieux infernaux.

Cette histoire se répandit fort dans le monde de cette époque, où elle fit beaucoup rire. Je la tiens de M. de Morny ; il nous la raconta à Anet, et personne ne racontait mieux, dès ce temps-là.

Roger de Beauvoir était donc de cette école ; il fut aussi du nombre des viveurs dont les exploits défrayèrent tout Paris. Il faut bien se rendre compte de la place qu'ils obtinrent, dans les fastes contemporaines, par la différence des temps.

La jeunesse de la Restauration, appartenant au haut monde, s'était presque entièrement éclipsée par suite des événements politiques. Les salons du faubourg et de ses adhérents étaient fermés ; on ne se réunissait guère que dans de très petits comités, ce qui amusait peu ces messieurs ; ils voyageaient, ils restaient à chasser à la campagne et, s'ils venaient à Paris, ils avaient leurs petites Tours de Nesle bien ignorées, où ils préludaient à ce qui fut plus tard la brillante société des lorettes, complètement inconnue alors.

La nouvelle cour était bourgeoise et point élégante. Pour plaire aux Tuileries, il fallait s'éclipser, vivre tranquille et ne pas faire parler de soi. Restaient les artistes, les gens de lettres, les financiers qui commençaient à faire parler d'eux. Il fallait une aristocratie, ils la composèrent ; quelques membres hardis de l'ancienne société et de la nouvelle se joignirent à eux, et la « loge infernale » avec ses affluents furent composés.

Les sportmen naissaient aussi ; il y eut des liaisons entre eux, mais non pas fusion complète. Ces jeunes dandys intelligents voulaient bien avoir des chevaux, les monter, s'en servir de façon à étonner le vulgaire. Ils voulaient bien même parler cheval à leurs moments perdus, mais non pas en faire l'unique but de leur vie. Elle se partageait surtout entre le rocher de Cancale, les boudoirs, les bibliothèques pour les uns, la bourse pour les autres, le cabinet de travail pour tous pendant deux ou trois heures chaque jour ; l'écurie venait ensuite, si l'on en avait le temps.

Roger de Beauvoir fit paraître successivement plusieurs livres.

Tous obtinrent un succès que la personnalité et les relations de l'auteur augmentèrent encore. Parmi ces romans, il en est un de ceux dont on a le moins parlé, et qui le méritait plus que tous. C'est *Ruysch*. Il est charmant, bien écrit, plein de cœur et d'intérêt. Je ne crois pas qu'on l'ait réimprimé, et j'en suis fâchée.

Le plus grand succès de Roger de Beauvoir, comme livre et comme pièce, fut *le Chevalier de Saint-Georges*. Le roman eut plusieurs éditions. On se l'arracha à juste titre. La comédie, jouée aux Variétés au commencement de 1840, procura à Lafont un de ses plus grands triomphes, qu'elle obtint en même temps que lui. Écrite en collaboration avec Mélesville, ses trois actes étaient ravissants. Les interprètes étaient Lafont, d'abord, représentant au naturel le beau mulâtre, moyennant une certaine eau qui me remet en mémoire une anecdote, que je vous dirai tout à l'heure, puis Brindeau. Il avait un habit de velours gris, au dernier acte, qu'on n'a jamais pu oublier; il était d'un goût exquis. Lepeintre aîné et Numa, puis Mlle Eugénie Sauvage, aussi maigre que distinguée. Sa robe brochée jaune la fit remarquer à l'inverse de Brindeau.

J'en reviens à l'anecdote, car je l'oublierais.

Il n'est personne à Paris qui ne connaisse le marquis Henri de Saint-Georges, auteur de tant de délicieuses pièces; les détails sur lui viendront en leur temps. Je rappellerai seulement, pour les besoins de la cause, son extrême élégance et la recherche de sa tenue. Il faisait répéter, lors de la vogue du mulâtre, un opéra-comique où chantait Jenny Colon, je crois. Il vint un matin au théâtre, parfumé d'une odeur exquise: l'actrice lui demanda où il la prenait. Il indiqua Lubin, ce me semble, en ajoutant :

— Dites que vous venez de ma part, on vous traitera bien.

Elle n'y manqua pas; seulement, au lieu de demander l'eau du marquis de Saint-Georges, la langue lui fourcha, sans qu'elle y fit attention, et elle demanda l'eau du chevalier de Saint-Georges. On la connaissait pour être au théâtre; on ne lui fit aucune observation, on la lui remit. C'était un cosmétique de toilette; quelques gouttes répandues sur une éponge, dont on se frottait le visage, donnaient de l'éclat au teint, selon le prospectus. La chanteuse voulut en essayer le soir en se couchant; au moment prescrit, elle s'enveloppa la tête, dormit bien et se réveilla mulâtre.

Elle eut le bon esprit d'en rire la première, et de ne s'en prendre qu'à son *lapsus linguæ*.

L'auteur du *Chevalier de Saint-Georges* a composé plusieurs autres ouvrages dramatiques: *le Neveu du*

Mercier, au Vaudeville, avec Mallefile. C'est le fameux Tancrède de Rohan, héros de bien d'autres aventures, *le Marquis en gage*, au Gymnase, et surtout *le Raisin*, comédie en vers, où Mlles Periga et Granger furent ravissantes. Telles sont les principales fleurs de sa couronne au théâtre.

Mais son talent le plus incontestable, celui qu'on ne saurait lui disputer, c'est la poésie. Il est poète au suprême degré ; bien peu le sont autant que lui. Ses vers sont d'une brillante facture, corrects, élégants, spirituels, pleins de verve; ils ont de la sensibilité, de la passion, de la philosophie, même bien des choses qu'il n'a pas en prose habituellement. Il a imprimé trois volumes de vers, qu'il suffit de lire pour me donner raison. *La Cape et l'Épée*, *Colombes et Couleuvres*, *les Meilleurs Fruits de mon Panier;* si vous ne les avez pas lus, lisez-les et vous les jugerez comme moi, j'en suis sûre.

Roger de Beauvoir est ce que les Anglais appellent un *excentric;* il a des façons de faire qui, s'il fût né dans les trois royaumes où l'on adore tout ce qui sort de l'ordinaire, lui eussent valu une célébrité plus grande encore que celle de son talent.

On ferait un livre de toutes ses histoires; elles sont si drôles que je demande à en citer quelques-unes. Il faut se mettre, pour les lire, au point de vue de ce caractère qui ne ressemble à rien de ce que l'on connaît, à qui l'esprit et le charme ont tout fait pardonner dans sa jeunesse et dont l'âge mûr expie par de si cruelles souffrances les joies d'autrefois.

Il fut doué par les fées de tout ce qui plaît ; elles lui donnèrent, en outre, une tournure d'intelligence qui n'est qu'à lui ; ce sont des éclairs inattendus qui vous éblouissent et qui ne supportent peut-être pas une analyse suivie. La première fois qu'on le voit, qu'on l'entend, on ne comprend pas ce feu d'artifice. On ne sait d'où il vient ; certaines gens, en suivant de l'œil ces fusées, craignent la chûte de la baguette.

Je n'ai connu en toute ma vie que lui d'une telle humeur ; chez lui, tout est imprévu ; on ne sait où il prend ce qu'il raconte ; ce sont des expressions particulières qui font image, ce sont des improvisations qui laissent bien loin derrière elles celles d'Eugène de Pradel ; c'est une gaieté intarissable et sans cesse renaissante, dont les échos ne s'éteignent jamais.

CHAPITRE XI

Un retour de bal. — Une actrice blonde. — Un cerbère. — Le quartier réveillé. — Le souper refusé. — Le pot de fleurs. — Une jambe cassée. — La garde. — Un caporal judicieux. — Un apothicaire. — Une civière. — Résurrection. — Une bonne mère. — Un Dieu. — Un évêque. — La mère Charles. — La marquise de S. T. — L'hôtel Pimodan. — Mme Chibourg. — Un déménagement. — Un crime appelé. — La veuve Boursier. — Une entrevue. — Le singe. — « Vous êtes du premier lit. »

Il y a longtemps de cela, Roger de Beauvoir était bien jeune alors, il habitait chez sa mère, rue Godot, et n'avait encore publié aucun livre, pas même *l'Ecolier de Cluny*. Il allait beaucoup dans le monde, ce qui n'empêchait pas sa liaison avec une jeune actrice blonde, fort jolie et assez à la mode.

Souvent, en revenant du bal, il lui prenait des envies de souper et il allait alors la chercher chez elle; il l'emmenait au Café de Paris, et les veillées se prolongeaient fort avant dans la nuit. Il n'en fallait pas moins être le lendemain, à dix heures sonnant, au théâtre pour la répétition. L'artiste avait grand soin de sa beauté, de sa santé; par conséquent, après avoir prié Roger inutilement, à plusieurs reprises, de ne pas venir la tourmenter aux heures indues, elle prit le parti de défendre à son portier de lui ouvrir passé minuit. Le cerbère exécuta de point en point la consigne ; à partir de ce moment, l'amoureux eut beau carillonner, il en fut pour sa peine et pour le tapage dont tous les échos du quartier retentissaient.

Un soir, ou plutôt une nuit, tout dormait, Roger de Beauvoir revenait d'une fête, en bas de soie, en chemise de batiste, en gilet d'or, probablement. — Lui et M. de Leroydeville avaient les plus étincelants gilets de tout Paris. — Il se mourait d'envie de souper et il avait décrété que l'artiste y viendrait avec lui. En conséquence, il renvoya sa voiture, ce qui était une drôle d'idée, pendant une nuit d'hiver, mais la prévoyance n'a jamais été son fort. Ses amis l'avaient surnommé « le hanneton », à cause de son étourderie ; il avait même en épingle un joli scarabée, de cette espèce, que l'on appelait son emblème.

Il commença à frapper doucement d'abord, puis il s'irrita et le marteau retomba de manière à réveiller les sept dormants. Il va sans dire que l'artiste l'entendait à merveille et qu'elle grillait d'impatience, ce qu'elle voulait éviter arrivait justement. Roger tapait comme un sonneur ; le portier, fidèle à sa consigne, ne bougeait pas, et ne paraissait pas disposé à céder.

La belle fille était d'une nature violente, comme toutes les blondes, quand elles ne sont pas très douces. Elle se contint d'abord, mais enfin, n'y tenant plus, elle jeta sur ses épaules n'importe quoi, s'élança à son balcon situé rue Croix-des-Petits-Champs, au second, et, de là, se mit à parlementer.

Elle se fit très malade, très occupée pour le lendemain et supplia le solliciteur de renoncer à son caprice. Il n'en tint compte : il jura qu'elle l'accompagnerait au Café Anglais, où il avait retenu un cabinet et commandé un festin en passant ; il la ramènerait au bout d'une heure tout au plus, mais il se mourait de faim et ne pouvait se coucher ainsi sous peine d'être indisposé.

Elle lui répondit que rien ne l'empêchait de souper tout seul.

— Non, avec vous, je le veux absolument !

— Moi, je ne le veux pas.

— Vous allez venir.

— Je ne viendrai point.

— Je casse la porte.

— Vous partirez tout de suite !...

Il répliqua par un coup magistral.

Elle entra dans une de ces colères où l'on ne se connaît plus, lui envoya mille injures, mille malédictions ; pour toute réponse, il cognait à rompre la porte ; exaspérée, hors d'elle-même, elle prit un des pots de fleurs qui garnissaient le balcon et le jeta sur sa tête.

Elle ne l'atteignit pas ; un éclat du pot seulement, qui se brisa, ricocha jusqu'à lui ; il venait de se mettre au milieu de la rue, près du ruisseau, — il n'y en avait, dans ce temps-là, qu'un seul, tenant le milieu de la chaussée. Tout aussitôt, il lui passa par la cervelle une de ces folles idées qui n'appartenaient qu'à lui ; il s'étendit tout au long dans ledit ruisseau, rempli de boue, sans s'inquiéter de sa toilette, puis il se mit à geindre, à soupirer, à appeler, la belle inhumaine, cruelle, méchante ; il avait la jambe cassée, mais elle serait assez abominable pour ne pas le faire transporter chez elle et l'abandonner...

La demoiselle le connaissait ; elle ne crut pas à la blessure et, loin de le plaindre, elle l'accabla de reproches, le traita de tous les noms ; elle allait refermer sa croisée, lorsqu'on entendit les pas réguliers d'une patrouille.

— Ah ! s'écria-t-elle, tant mieux ! on va vous ramasser et vous mettre au violon.

— C'est ce que nous allons voir, murmura l'entêté.

Les soldats approchaient ; ils furent bientôt auprès de lui ; le vigilant caporal l'éventa et arrêta sa troupe.

— Un homme mort, dit-il.

Aussitôt les quatre hommes furent à ses côtés. Roger ne bougeait pas ; il fermait à demi les yeux et attendait. Le caporal avança la main pour le toucher. Il jeta un cri.

— S'il n'est pas mort, caporal, reprit un judicieux fusilier, c'est qu'apparemment il est ivre.

S'entendre accuser de ces choses-là, lorsqu'on n'a pas soupé !

— Non, non, je ne suis pas ivre, mais ne me touchez pas, caporal, j'ai la jambe cassée. Cette femme, que vous voyez là-haut, m'a jeté un pot de fleurs de son balcon, vous allez l'arrêter, j'espère.

— Messieurs, il se moque de vous : il n'a rien, faites-le lever, conduisez-le au violon.

Le chef était un homme intelligent ; avant de prendre une décision, il voulait être mieux informé ; on prétendait avoir reçu un projectile ; si cela était vrai, on en trouverait les débris. Il alla regarder : les morceaux du vase étaient épars et la terre répandue, donc il avait été précipité dans la rue.

— Ça y est, pensa-t-il.

Il revint vers le patient, que ses soldats entouraient, et qui poussait des cris désespérés.

— Ainsi, bourgeois, vous avez reçu ce pot sur la tête et il vous a cassé la jambe ?...

Cette phrase n'avait pas besoin de commentaires, tout amphybologique qu'elle parut ; Roger y répondit par des mots inarticulés.

— C'est cela, caporal... je souffre le martyre... il y a là, en face, un apothicaire... faites-le réveiller par vos hommes... afin qu'il me donne du secours.

— N'en faites rien, sifflait la voix de soprano du balcon ; il n'a pas besoin de soins, il se joue de votre bonne foi !

— L'entendez-vous, la mégère, l'infâme, c'est un monstre. A l'aide ! à l'aide !...

Les troupiers français sont pitoyables ; d'ailleurs, les réverbères éclairaient assez pour qu'ils eussent apprécié la toilette du *bourgeois;* il ne pouvait leur venir à l'esprit qu'on s'étendît ainsi vêtu, dans la boue, pour son plaisir. Ils allèrent sonner chez le pharmacien, et comme il ne paraissait pas assez vite, ils frappèrent les volets de la crosse de leurs fusils ; il était important qu'il sut à qui il avait à faire, la garde n'attend pas.

La boutique s'ouvrit; on exposa le cas en deux mots : l'homme de l'art prit ses fioles, ses compresses, et accourut.

La position de Roger devenait difficile; si on le visitait, on reconnaîtrait promptement qu'il n'avait aucune blessure. Il appela une petite comédie à son secours, et commença à gémir de façon à percer les cœurs les plus durs.

L'apothicaire voulut bien prendre le pied. Roger poussa un cri :

— Ne me touchez pas ! Ne me touchez pas !

— Mais, monsieur, pour voir...

— Non, non. Aie ! aie !... ôtez votre main, je ne puis supporter...

— C'est donc là, la jambe malade ?

— Oui, monsieur, mais... mais... aie ! aie ! mon Dieu ! quelle souffrance ! laissez-moi, laissez-moi...

— Pourtant, il faut bien voir !... C'est essentiel... Si l'on coupait le pantalon ?

— Cela me ferait trop de mal !... Me m'approchez pas... aie !

— Caporal, si on allait chercher un médecin ?

— C'est cela. Où y a-t-il un médecin par ici ?

— Rue d'Antin, tout près. La première chose à faire, caporal, c'est d'emporter ce monsieur chez moi; on ne peut pas le soigner dans le ruisseau, mais par quel bout le prendre ?

Ce n'était pas le compte du mystificateur. Il ne comptait pas du tout s'exposer aux investigations de la science. Le caporal vint à son aide sans s'en douter.

— Pharmacien, si on allait au poste chercher une civière, on le transporterait plus facilement.

— Oui, c'est cela, une civière, dit Roger, mais au lieu de me déposer chez monsieur, conduisez-moi chez moi ; ce n'est pas loin et j'y serai mieux, on ira appeler mon docteur et je me remettrai entre ses mains.

La motion fut adoptée comme la plus raisonnable et la meilleure. On alla chercher la civière, et pendant ce temps, le pharmacien proposa encore une fois de transporter Roger chez lui, ne pouvant sans doute admettre qu'on laissât un monsieur si bien habillé dans le ruisseau. Il s'y refusa de nouveau et cria du haut de sa tête, dès qu'on voulut le toucher.

Pendant ce temps, Mme Malborough faisait rage du haut de sa tour, mais personne n'y prêtait attention, si ce n'est le bel amoureux, qui lui envoyait des malédictions et qui lui montrait le poing en se retournant sur son lit de boue.

La civière arriva ; ce furent des lamentations sans fin ; quand ces pauvres troupiers soulevèrent le patient et l'étendirent sur le brancard, orné d'un matelas, vous jugez de l'état de la toile ! Il donna sa carte à l'apothicaire, afin qu'il vînt chercher chez lui le prix de ses soins refusés, et le cortège se mit en route.

On arriva à la rue Godot ; il pouvait être trois heures du matin, le caporal frappa et alla prévenir le portier de l'accident arrivé à son locataire. Il fallut nécessairement ouvrir la porte cochère, pour que la civière passât ; le bruit des fusils qui frappaient le pavé, éveilla toute la maison. La bonne Mme Fournier d'Évillé ne dormait jamais que d'un œil, tant que son fils était dehors. Elle fut prise d'inquiétude à tant de tapage et, au lieu de sonner sa femme de chambre, elle passa sa robe du matin et alla écouter au haut de l'escalier, toujours occupée de son enfant. Elle entendit quelques mots, puis la voix de Roger, dolente. Elle descendit.

Juste en ce moment, on déposait la civière près des

dernières marches, et le mystificateur, laissant son manteau sur le matelas, grimpait les degrés quatre à quatre en criant au portier :

— Donnez à boire à ces braves gens, et payez leur grassement leur peine.

On voit d'ici la stupéfaction des quatre hommes et du caporal.

Mme Fournier d'Evillé, dans le fond du tableau, tout aussi étonnée qu'eux, son fils tout boueux, passant près d'elle comme un tourbillon !... Elle ne savait auquel aller ; les murmures des soldats, qui commençaient à se fâcher, l'attirèrent. Elle alla vers eux, et ils lui expliquèrent ce qui s'était passé ; elle se confondit en excuses et leur donna une assez bonne somme, pour qu'ils dussent se féliciter de l'aubaine ; elle était généreuse comme l'or, quand il s'agissait de son fils surtout.

Quant à Roger de Beauvoir, il donna ses habits à son valet de chambre et, le lendemain, on le revit au bal tout aussi brillant que la veille.

La dernière anecdote a eu beaucoup de témoins ; elle est plus compliquée et plus étrange. Elle demande plus de détails et de mise en scène.

Je vous ai dépeint ce bel appartement de la rue de la Paix et ses merveilles ; il n'y pouvait rester davantage, malgré la tendresse de sa portière pour lui ; il l'avait complètement fascinée, bien qu'il la fît lever quatorze ou quinze fois dans la nuit, pour lui aller chercher des soupers au Café de Paris ou au Café Anglais. Les locataires se plaignaient d'être réveillés et des allures un peu jeunes de leur commensal. La propriétaire demeurait dans la maison ; on lui portait des plaintes ; elle s'informait auprès de la mère Charles ; celle-ci réfutait les accusations, exaltait les mérites de son favori et finissait son homélie invariablement par ces mots :

— Madame, il est si jeune, et puis il est si beau! c'est la jalousie qui les fait parler!...

Elle l'avait ainsi préservé pendant bien des années, mais enfin, la clémence eut un terme. Au-dessous de Roger restait une vieille dame, la marquise de *** qu'il avait prise pour le but de ses plaisanteries et de ses mystifications. La dernière fut si forte que la mère Charles y perdit son latin et que le congé fut donné. Roger l'accepta. Il s'était monté la tête pour l'hôtel Pimodan, situé dans l'île Saint-Louis, et il s'en alla le louer pour se venger de Mme Thibourg; ainsi s'appelait la maîtresse de son logis.

C'était une petite femme bossue, avec un chapeau tout particulier, un chapeau violet, rappelant celui de Mlle de Marans, dans *Mathilde* d'Eugène Süe. Elle lui ressemblait du reste beaucoup, au physique du moins, par sa tournure et par sa mise.

Roger devait quitter au terme d'avril son appartement. Au commencement de mars, le printemps était précoce; il faisait un soleil splendide et déjà chaud; il lui passa par la tête que ce serait un beau moment pour déménager et, sans s'inquiéter du terme, il envoya chercher une voiture et commença à décrocher ses tableaux et à envelopper ses curiosités.

La portière apparaît au milieu de ce désordre.

— Mais monsieur, mais monsieur, que faites-vous? Pour l'amour de Dieu, restez tranquille. Mme Thibourg m'envoie vous dire que vous ne pouvez rien emporter d'ici.

— Et pourquoi?

— Parce que vous n'avez pas payé votre loyer.

— Qu'est-ce que cela fait? Je le paierai, elle le sait bien.

Roger avait alors encore une belle fortune et toutes ses dépenses étaient soldées exactement.

Pour l'intelligence de ce qui va suivre, il faut rappeler un crime bien oublié, car notre génération même ne l'a connu que par ouï-dire et comme une tradition.

Il y avait et il y a encore dans cette maison un grand épicier ; celui d'aujourd'hui n'a rien de commun avec celui d'alors. Ce vieux prédécesseur avait une jolie femme qui lui fit des traits avec un Grec, fort bel homme aussi, à ce qu'il paraît. Celui-ci pensa qu'il serait plus profitable de posséder en même temps la boutique et la femme, et il empoisonna le mari.

On accusa le Grec, on accusa la femme ; ils furent jugés ; je crois que le Grec fut condamné, mais pas à mort. Quant à la femme, elle fut acquittée. Roger savait mal cette histoire ; il ne se donna pas la peine de la mieux apprendre, et n'en conserva pour son usage, que ce qui lui parut devoir lui servir. Chaque fois qu'il avait maille à partir avec la propriétaire, si ses cheminées fumaient, il ne manquait pas de lui jeter au visage cette phrase sacramentelle :

— Je sais que c'est la veuve Thibourg qui a empoisonné la veuve Boursier.

Jamais il ne voulut sortir de là, quelques explications qu'on voulut lui donner, et la pauvre dame se mettait en furie, quand elle s'entendait accuser ainsi ; c'étaient des scènes incroyables. Il ne manqua pas l'occasion et la mère Charles fut chargée de la commission dont elle ne s'acquitta pas, bien entendu. Elle revint avec un nouvel ordre de suspendre les préparatifs. Nouvelle colère, nouveau refus. Insistance de la portière, et supplications de ne pas la mettre dans le cas de s'opposer à la sortie des meubles.

Roger se monta la tête ; il était en veine d'espiègleries et de mystifications.

— Je vais lui parler, dit-il.

— Elle compte venir également.

— Je la préviens, j'y cours.

Il descendit en effet. Il était deux heures après-midi, par un temps étincelant. A cette époque-là, on se promenait beaucoup aux Tuileries ; la rue de la Paix était pleine de femmes en toilette et de lions ; la porte cochère était ouverte ; la cour n'était séparée de la rue que par le vestibule; on était donc parfaitement en vue des passants.

Roger avait, pour toute parure, un pantalon large en cachemire rouge et la chemise très ouverte, les manches relevées, les cheveux en désordre, une vraie tenue de déménagement. Mme Thibourg et lui se rencontrèrent en face de la porte, et, comme ils élevaient la voix, ils eurent bientôt beaucoup d'auditeurs, ce qui excita la bonne pièce. Il débuta par la veuve Boursier, et Dieu sait la façon dont il fut accueilli! Il ne se contenta pas de ce grief, il lui en créa un autre dont rien ne peut indiquer la source et l'invention.

— Madame, dit-il, vous avez cohabité avec un singe, et vous en avez eu des fils, vous les avez mis aux Enfants trouvés.

La nombreuse galerie éclata de rire, ce qui donna à Roger plus de verve encore.

Le fils de Mme Thibourg, pauvre garçon bien tranquille, tomba au milieu de ces joyeusetés, et voulut prendre la défense de sa mère.

— Qu'avez-vous à dire, monsieur? Ceci ne vous regarde pas, vous n'êtes pas du singe, vous êtes du premier lit.

A cette réponse, il y eut explosion d'éclats, on se tenait les côtes.

Je ne sais comment aurait fini l'aventure, mais le beau-père arriva, paya le terme, et Roger put s'en aller à ce bel hôtel Pimodan, où il resta plus d'une année, son salon n'étant meublé qu'avec un cheval empaillé et une armure, le reste ne sortit pas des caisses. Pourquoi? Qui le sait?

CHAPITRE XII

Le mariage de Roger de Beauvoir. — Mlle Doze. — Le prince de Cornouailles. — Anquetil. — Son éducation. — Mlle Mars. — Ses leçons et leurs inconvénients. — Portrait. — *Les chaperons blancs.* — *Le chêne du Roi.* — Le début. — *Le verre d'eau.* — *Le mari à la campagne.* — Mme Roger de Beauvoir écrivain. — *Les confidences de Mlle Mars.* — Santeny. — Le salon de Mme Roger de Beauvoir. — Les enfants de Roger de Beauvoir. — Sa fille. — Sa mort. — Touchante élégie. — Maladie de Roger de Beauvoir.

Roger de Beauvoir vécut ainsi fort originalement, pendant bien des années, continuant à travailler, à souper, à aimer, à faire des vers comme une ruche donne du miel, à se faire remarquer parmi les hommes de son âge ou à s'amuser comme un enfant des moindres choses ; c'est là un des traits distincts de son caractère ; bien des excentricités doivent être expliquées et excusées par cette disposition développée chez lui.

En 1847, il se maria avec Mlle Aimée-Léocadie Doze, alors pensionnaire de la Comédie-Française.

Mlle Doze était une des plus jolies et des plus spirituelles femmes de ce temps. Elle vint au monde en Bretagne dans la terre du comte de Bruc, marquis de Malestroit, prince de Cornouailles, dont son père était l'intendant. Sa mère est Mlle Anquetil, de la famille de l'illustre historien.

Cette jeune fille reçut une éducation distinguée; elle apprit même la harpe, cet instrument passé de mode, qu'elle était bien faite pour ressusciter. On la destina au théâtre et elle fut présentée à Mlle Mars qui s'engoua de sa beauté, de son charme et de sa vivacité de conception. Elle n'avait jamais voulu donner de leçons : elle s'attacha à faire une élève, une seule, et la fit beaucoup travailler.

Une élève de Mlle Mars était, selon moi, une impossibilité. Elle ne pouvait donner à personne ce qu'elle avait elle-même. Certainement, les années seules, la pratique du théâtre avaient fait d'elle ce qu'elle était, mais la nature l'avait douée d'abord, d'une façon toute exceptionnelle.

Elle donna certainement à Mlle Doze du talent, mais elle lui ôta le naturel, et la fit maniérée; abandonnée à elle-même, ne cherchant pas involontairement à devenir le décalque d'une femme inimitable, elle eut été infiniment meilleure. Ses propres inspirations se refoulaient sous les conseils de son professeur; des mots qu'elle eut lancés simplement, avec un grand charme, elle cherchait à copier, à les attraper au vol et n'y réussissait pas toujours.

Les intonations de cette voix adorable ne pouvaient pas se rendre par une autre bouche, quelque charmante qu'elle fut, et puis le public demandait beaucoup à une élève de Mlle Mars; il voulait qu'elle fut du premier coup aussi parfaite que son maître. Au lieu de la servir, cet illustre patronage lui nuisit, sans compter les envieux qu'il lui procura.

Mlle Mars n'était pas aimée à la Comédie; son caractère avait peu de liant; elle n'était aimable que pour ceux qui n'avaient pas d'affaires de théâtre avec elle; ses ennemis devinrent naturellement ceux de la jeune fille, qui paraissait sous ses auspices : ce fut encore une défaveur.

Avant ses débuts, Mlle Doze accompagna presque toujours Célimène! On la voyait avec elle à presque toutes les premières représentations ; sa beauté la fit remarquer promptement, même avant de savoir à quoi elle était destinée.

Elle avait de délicieux cheveux blonds, des yeux plutôt charmants que beaux, une coupe de visage irréprochable, un nez parfaitement dessiné, une bouche rose et des dents superbes. Son col était attaché à sa tête comme celui de la Vénus de Milo, dont elle avait la poitrine et les bras, rehaussés d'une peau de satin.

Ce portrait est exact; tous ceux qui l'ont vue la reconnaîtront.

Je ne me rappelle plus quelle fut sa pièce de début; on parla d'elle surtout dans deux pièces de Soumet, dont la première représentation eut lieu le même jour. C'était une tragédie et une comédie ; elle y joua les principaux rôles dans les deux ouvrages, dont l'un s'appelait *le Chêne du Roi.*

Elle créa Abigaël dans *le Verre d'eau;* mon Dieu, qu'elle était ravissante! puis la jeune fille dans *le Mari à la campagne.* Ce sont, il me semble, ses seules créations; tout en passant en revue les ingénuités du répertoire, où elle eut un succès réel.

Lorsqu'elle connut Roger de Beauvoir, elle quitta le théâtre où elle ne fit ainsi que passer. Sa carrière fut arrêtée par cette union.

Plus tard, elle compta dans la littérature : on a d'elle de jolies pièces et plusieurs volumes. Les *Confidences de Mlle Mars* eurent surtout beaucoup de retentissement. Elles avaient un double intérêt pour le public qui les dévora.

Mlle Doze épousa Roger de Beauvoir au commencement de 1847. Ils habitaient un très joli château à Santeny, près de Brunoy, dans un pays délicieux.

Cette union ne fut pas heureuse. Une séparation s'en suivit.

Roger de Beauvoir a eu trois enfants de son mariage : deux garçons et une fille. Les deux garçons vivent[1] ; la fille, qui promettait d'être aussi jolie que sa mère, est morte à quinze ans. Pauvre petite ! Elle était en pension à Caen ; le jour de la Toussaint, elle alla avec ses compagnes visiter le cimetière. En rentrant, elle écrivit une composition sur cette visite ; c'était une touchante élégie en prose, sur la tombe d'une jeune fille morte avant sa seizième année. Il régnait dans ces pages une poésie mélancolique, qui dénotait bien la fille de son père.

Quinze jours après, la pauvre enfant était dans ce même cimetière, à côté de celle qu'elle avait pleurée.

Son père fit ces vers, qui sont gravés sur son tombeau :

A MA FILLE EUGÉNIE DE BEAUVOIR.

Dans ce dernier lit, tu reposes,
Chère martyre, ange du ciel !
D'autres auront connu les roses,
Tu n'as connu, toi, que le fiel.

Des méchants, la mort te délivre,
Dans sa splendeur Dieu te reçoit ;
Tu ne meurs pas, tu vas revivre
Pour tout le monde qu'il te doit.

Depuis plus de quatre ans, Roger de Beauvoir est atteint d'une maladie sans nom, qui le cloue dans son fauteuil sans qu'il puisse ni marcher, ni se coucher. Il a fait venir les grands médecins de Paris ; les premiers qui l'ont vu l'ont condamné sans rémission et sans retard. Ils ne lui donnaient pas quinze jours d'existence : il vit encore, il y a amélioration dans son état et il guérira peut-être. Il serait déjà guéri, s'il avait voulu suivre les remèdes nécessaires et prescrits.

C'est cependant une chose navrante que d'assister à ses crises, que d'entendre ses cris déchirants pendant des nuits entières. L'été, tout le quartier en

1. Des deux fils de Roger de Beauvoir, le plus jeune est l'écrivain militaire bien connu.

retentit. Il souffre avec un courage et une patience dont son caractère bouillant ne paraissait pas susceptible. Dès que les accès sont passés, il retrouve sa gaieté, son bien dire d'autrefois. Il conserve son regard plein de finesse et de charme; on passe des heures à l'entendre et à causer avec lui.

Il ne travaille plus; il fait encore des vers; les derniers qu'il a composés un peu avant sa maladie, intitulés *le Rire*, le peignent à merveille.

Les voici :

J'eus un ami pendant vingt ans,
C'était la fleur de mon printemps ;
Tout cédait à son gai délire,
Le plus morose le fêtait ;
Comme il buvait! Comme il chantait!
Cet ami s'appelait le Rire.

A l'heure des soupers joyeux,
Quand l'aï pétille en vos yeux,
Quand les couplets partent des lèvres,
Qu'il vous tombe un conteur charmant,
Et qu'on boit le moka fumant
Dans l'émail de Chine ou de Sèvres;

Quand on ne fait plus de journaux,
Quand les huissiers nous semblent beaux,
Qu'à Chloé l'on se prend à croire,
Qu'on trouve de l'esprit aux gueux,
Grâce au pâté de Périgueux
Endormi sous sa truffe noire,

Quel meilleur ami, répondez,
Que ce garçon-là! Regardez,
Sur vous comme il prenait d'empire!
L'œil vif, le gilet entr'ouvert,
Il tirait sa flûte au dessert,
Ce gai Roger Bontemps : le Rire.

Nous montions aux mêmes balcons,
Nous vidions les mêmes flacons,
Il était si beau dans l'ivresse!
A l'aube, il pâlissait un peu;
Nous nous quittions, et pour adieu,
Moi, je lui laissais ma maîtresse.

Le dernier souper que je fis,
Il me prit la main : — O mon fils,
Me dit-il, adieu, je m'exile;
A Paris, on ne m'aime pas,
J'y vois trop de grecs, d'avocats,
Et n'entre plus au Vaudeville.

« ... Adieu, souviens-toi d'un ami
Qui t'a d'un pas mal affermi
Souvent reconduit en ton gîte !
J'irai te visiter encor,
Mais ailleurs qu'à la Maison d'or.
Et songe que le temps va vite ! »

Hélas ! Hélas ! il est parti.
A ses serments il a menti :
Je demeure seul en ma chambre,
La neige tinte à mes carreaux ;
Je me chauffe avec mes journaux,
C'était avril... je suis décembre.

Eh quoi ! l'avoir si tôt perdu !
J'ai brisé le verre où j'ai bu
Si souvent en sa compagnie.
Quelquefois, je fis un effort,
Mais mon pauvre rire est bien mort,
Et mon âme est à l'agonie !

Car ils m'ont tout pris, les méchants,
Ma gaieté, ma verve et mes chants ;
Autour de moi monte le lierre,
Le lierre qui festonnera
L'humble tombe où l'on me mettra,
Sans regret comme sans prière.

Il n'est personne qui, en voyant aujourd'hui Roger malade, n'éprouve un sentiment de compassion et de tristesse. Comme Hamlet, on est tenté de s'écrier :

— Pauvre Yorick ! lui qui riait si bien !

De Beauvoir se compare lui-même à Scarron ; il en a la verve, il en a la satire, c'est un côté de son talent assez peu connu. Il avait composé une cinquantaine d'épigrammes sur beaucoup de gens de ce siècle; c'était du vrai sel attique. Toutes étaient réunies dans un petit livre, soigneusement fermé. Le livre a disparu, sans qu'on ait pu découvrir par quelle main il a été dérobé.

Roger de Beauvoir tiendra une place distinguée dans l'histoire littéraire et galante de ce temps-ci. C'est un type perdu et qui ne reparaîtra pas ; les mœurs du jour n'en formant plus de semblables. Il y a en lui du poète, du gentilhomme, du bohême, du viveur, du rêveur aussi. Il eut été à merveille en costume Louis XIII, avec une vraie tête de raffiné.

On pourrait écrire des volumes sur sa vie, sur sa jeunesse surtout, qui fourniraient des épisodes curieux et variés. Il a vu les derniers beaux jours de la société française, qu'il a si souvent chantée, et il a pris à son héros en poudre, qu'il affectionnait, bien des traits que lui seul pouvait acclimater au XIXe siècle et qui ont disparu avec ses joyeuses chansons[1].

1. *Le Petit Bibliophile*, n° 25, donne sur Roger de Beauvoir une notice intéressante, biographique et bibliographique, que l'on trouvera à la fin du présent volume.

CHAPITRE XIII

Mme de Rumford. — Ses héritiers. — Sa mort. — Laurette. — M. Paulze d'Ivoy. — Mme Paulze d'Ivoy. — Mme de la Poype. — Le général de la Poype. — Sa famille. — Carrière politique de M. Paulze d'Ivoy. — Ses enfants. — Mlle de Peyronnet. — Les prétendants de Laurette. — Son mariage. — Le marquis de Gramont. — Brouille ; l'étendard levé. — Trois millions perdus. — La maison de Caderousse. — Un aïeul. — L'écrin de la comtesse de Bertillac. — Son descendant. — M. de Montaigu. — Cinquante mille francs de cannes. — Le duc Robert. — Maladie. — Héroïsme conjugal. — Mort d'une duchesse. — Fernand. — Au bal, par la fenêtre. — Ludovic. — Départ sur l'*Artic*. — Naufrage. — Tentatives vaines de sauvetage. — Agonie de six heures. — Le tambour miraculeux. — Une soirée à Courtiras. — Les deux routes. — Les louis d'or et Marco. — Les grelots. — Un cheval de poste.

Je n'ai pas suffisamment parlé de Mme de Rumford, qui mourut à peu près à l'époque où je suis parvenue, à quatre-vingt-six ou sept ans. Elle n'était qu'à peine malade et s'éteignit en montant dans son lit un soir.

Elle avait pour héritiers directs les enfants de son père, M. Paulze d'Ivoy, qui devait bientôt après devenir pair de France, et la comtesse de Sugny. Elle ne les aimait ni l'un ni l'autre, et les déshérita bel et bien, en faveur de leurs enfants.

Mme de Rumford avait pris chez elle la fille aînée de son neveu, Laurette, alors qu'elle n'avait que cinq ou six ans. Elle la fit élever à sa manière. La pauvre petite était tenue avec une sévérité sans exemple; elle n'avait jamais avec sa grand'tante un moment d'expansion et de gaieté. Elle travaillait du matin au soir, soit avec sa gouvernante, soit avec des maîtres de toute espèce. A peine lui accordait-on quelques instants de récréation et de jeux avec les jeunes filles de son âge. Elle achetait bien cher la grosse dot qui devait lui revenir.

D'un caractère doux et triste, elle devint craintive et timide à l'excès; on l'eût été à moins; plus tard elle fut une agréable personne, grande, élancée, blonde, blanche comme un lis; malheureusement, d'une santé faible et obligée à de grands ménagements.

Son père et sa mère avaient été un des plus beaux couples qui se pût voir. Ils s'étaient mariés par amour, un peu malgré tout le monde, car ils étaient tout à fait de même âge, et le fiancé avait vingt ans à peine.

Mme Paulze d'Ivoy était Mlle de la Poype de Vertrieux, la fille du général de la Poype, autre original qui demanderait à lui seul un chapitre. Elle était d'une grande beauté et d'une bonté tout aussi complète. Cette famille de la Poype tenait à tout ce qu'il y a de mieux dans le Dauphiné. M. Paulze d'Ivoy était un homme très remarquable, de toutes façons; il avait de grandes capacités, un esprit de conversation peu commun. Très jeune il entra au Conseil d'Etat; la chute de l'Empire entrava sa carrière; il n'aima jamais la Restauration et suivit les principes de sa tante plutôt que ceux de sa mère. Il fut cependant nommé préfet à Privas, puis à Bourbon-Vendée; il n'y resta pas longtemps et marcha dans le sens tout à fait opposé au gouvernement, qui naturellement ne le garda pas.

En 1830, tout de suite après la Révolution, il fut nommé préfet de Lyon; il occupa ensuite plusieurs postes importants, jusqu'à ce qu'il obtint la pairie. Sa santé le força au repos; il était effroyablement goutteux, au point de ne pouvoir écrire et de ne pouvoir quitter son lit ou sa chambre.

La Révolution de 1848 le confina dans une charmante propriété à Courtiras, près de Vendôme, dans un pays délicieux. Il y vécut éloigné des affaires, et endurant avec un courage stoïque les grandes souffrances que lui imposait cette terrible maladie, triste héritage de famille qu'il a malheureusement transmis à ses petits-enfants.

Il a eu beaucoup d'enfants, dont plusieurs sont morts au moment où ils allaient réaliser les espérances de leur éducation. Beaucoup plus tard, son dernier fils, Charles, colonel du 1er zouaves, a trouvé une mort glorieuse à la prise de Melegnano[1].

Il ne reste plus maintenant que deux frères, Roland, préfet du Cher, et Christian, colonel du 5me hussards[2]. Ce dernier avait épousé Mlle de Peyronnet, petite fille du ministre, qui est morte très jeune et ne lui a laissé qu'un fils.

Laurette était l'aînée de tous ; lorsqu'elle eut atteint

1. Le maréchal Baraguay d'Hilliers ayant donné l'ordre au colonel Paulze d'Ivoy de faire marcher son régiment en colonne, par la grande route, à l'assaut de Melegnano, celui-ci lui fit remarquer que l'artillerie autrichienne, qui commandait cette route, détruirait inutilement ses zouaves, et que ce n'était pas la manière de prendre les villes. Mais le maréchal ne voulut rien entendre. S'étant adressé, sans plus de succès, à son divisionnaire, le général Bazaine, pour lui demander de faire des représentations au maréchal, le colonel partit indigné en disant : « C'est bien, je vais me faire tuer ! »

Le 1er zouaves, en effet, s'élança en colonnes serrées par division, et entra dans la ville, après avoir perdu les deux tiers de son effectif. Trois ou quatre officiers de ce magnifique régiment restaient seuls debout, ainsi que le colonel qui avait échappé miraculeusement à la mitraille. Paulze d'Ivoy, cependant, voulant tenir sa promesse, se campa sur la place de Melegnano, immobile sur son cheval, attendant que les Autrichiens qui tiraient encore des fenêtres l'aient abattu. Une heure après, arrivait le reste du corps, qui aurait permis de s'emparer de la place sans effusion de sang.

2. Christian devint général de division pendant la guerre franco-allemande, et reçut le commandement du 23e corps, dans l'armée du Nord, aux ordres du général Faidherbe.

ses seize ans, les demandes de mariage arrivèrent. On savait qu'elle devait être héritière unique de la *rude* comtesse, qui pour commencer lui donnait soixante mille livres de rentes en fermes des environs de Paris, d'une énorme valeur. La tante était plus difficile; elle exigeait tout : un grand nom d'abord, une grande fortune, un homme agréable; enfin, la perfection, si elle existe toutefois.

Il y eut donc de nombreux refus, jusqu'au moment où elle connut le marquis Robert de Gramont, fils du duc de Caderousse, un fort grand seigneur du Comtat. Laurette devait être duchesse; Mme de Rumford ne voulut rien entendre à moins.

Le mariage se fit dans le mois d'août 1830.

Laurette avait vingt ans, son mari vingt-cinq.

Tout alla bien les premières années; le jeune ménage fut logé rue d'Anjou-Saint-Honoré; il eut le premier étage de l'hôtel que l'on fit arranger pour lui. Mme de Rumford présenta partout son neveu et sa nièce, mais lorsqu'elle voulut la conduire aux Tuileries, Robert déclara tout net qu'il n'irait pas et que sa femme n'y mettrait plus les pieds.

La « lionne de pierre » n'était pas accoutumée à la résistance; elle trouva le procédé fort mauvais et ne le cacha pas. M. de Gramont souffrait péniblement les contraintes de société et d'intérieur qu'elle lui imposait; lorsqu'il la vit fâchée, il en profita pour secouer le joug et leva tout droit l'étendard de la révolte.

Il emmena Laurette dans son monde, c'est-à-dire en plein faubourg Saint-Germain légitimiste, et délaissa tout ce qui tenait à la nouvelle cour. Il ne connaissait pas parfaitement ce caractère inflexible; il crut que son attachement pour l'enfant élevée par elle, la seule affection qu'elle eût au monde, l'emporterait sur sa vanité blessée et sa volonté méconnue; il se trompa. La maison devint un enfer tellement intolérable que le marquis et la marquise désertèrent un beau matin, et vinrent prendre un appartement au faubourg où ils étaient chez eux.

Mme de Rumford n'était pas de celles qui se plaignent; seulement elle déclara que Laurette n'aurait plus un centime d'elle et qu'elle choisirait un autre héritier; ce fut ainsi deux ou trois millions que perdirent les jeunes gens. Robert déclara qu'il aimait mieux sa liberté.

Il devait hériter aussi d'une grande fortune qu'il tenait de ses ancêtres. Le château de Caderousse, près d'Avignon, est situé dans une ile du Rhône. La terre est belle et considérable. Le nom de famille de cette maison est Ancezuno. Ils furent créés ducs par les papes, au temps où le Comtat leur appartenait; Louis XVIII confirma le duché en France, en faveur du duc de Caderousse, père de Robert et de la comtesse de Spare morte très jeune.

Les Caderousse n'étaient pas par conséquent pairs de France, siégeant au Parlement, non plus que ducs à brevet, c'est-à-dire non héréditaires. Ils étaient considérés comme étrangers à la cour de France, même depuis la réunion du Comtat opérée sous Louis XIV et n'y avaient pas de rang. Aucune duchesse de Caderousse ne peut réclamer le tabouret.

Celui de leurs ancêtres qui marqua le plus est un assez mauvais sujet, fort brillant à la cour du grand roi, dont Saint-Simon et Mme de Sévigné parlent, cette dernière surtout.

C'était un joueur, un coureur de femmes, dont la conscience était fort élastique et qui fit grand bruit en plus d'une occasion. Il fut, entre autres, le héros d'un vrai drame qui, par la différence des époques, ne produisit pas l'effet qu'il eût produit en France, il y a trente ans, mais qui pourtant ne le mit pas en bonne odeur parmi les délicats.

Il était fort aimé de la comtesse de Bertillac, et il la payait de cet amour par des infidélités patentes. Elle persistait néanmoins. De tout temps, les femmes ont aimé les infidèles, je ne sais pourquoi, mais près des natures tendres, c'est un moyen de succès, c'est une manière de les attacher; elles se divertissent à mourir de chagrin, à se faire tenailler le cœur; cela leur plaît apparemment, car rien ne les y force.

Celle-ci n'y manqua pas.

Un beau jour que le libertin n'avait plus un sou pour jeter sur le tapis vert, il gémissait d'être obligé à l'abstinence du lansquenet et de la roulette; elle ne trouva rien de mieux que de lui donner son écrin, qu'il accepta parfaitement et qu'il alla vendre.

Non content de cet exploit, comme ses compagnons de plaisir s'étonnaient de le voir si vite et si bien réconforté, il raconta le fait qui parvint bientôt au mari et à la famille de la pauvre créature, et qui courut dans toutes les ruelles.

Elle en fut si désespérée, qu'elle fut prise d'une fièvre maligne et mourut en quatre jours. Son perfide amant apprit ce malheur au milieu d'un partie de jeu. Il n'en perdit pas une carte, ni un éclat de rire, tellement que la galerie en fut indignée et que les femmes le voulaient battre.

Cela n'empêcha pas le séducteur, beau garçon, homme d'esprit et du meilleur monde, de se faire écouter des plus prudes après comme avant.

Il était veuf de Mlle du Plessis-Bellière, et il avait été très près d'épouser la belle Mlle de Sévigné, depuis comtesse de Grignan; elle était vouée à la Provence à ce qu'il paraît et, par un rapprochement bizarre, ce fut son mari, lieutenant général à Aix qui s'empara d'Avignon, où elle avait failli tenir le premier rang sous la domination des papes qu'il détruisit ainsi.

Le duc de Caderousse, père de Robert, fut également un viveur; marié à une sainte femme, il ne quittait pas les coulisses de l'Opéra : lui, et M. de Montaigu, à peu près de son âge, en étaient les piliers. On ne voyait qu'eux sur le boulevard de Gand, et leurs exploits ne se comptaient plus.

Dans la liquidation de la fortune de M. de Caderousse, on a trouvé, entre autres excentricités de mémoires, cinquante mille francs de cannes, de fouets et de cravaches, et chez le chapelier à la mode vingt mille francs de chapeaux.

Son fils, le pauvre Robert, fut attaqué bien jeune encore, d'une horrible maladie. Il eut un transport au cerveau et, par suite, il perdit la raison. Il fallut l'enfermer dans son appartement, où il ne voulait souffrir qu'un seul domestique. Sa femme fut admirable : elle se dévoua à le soigner, jusqu'à ce qu'elle fût arrachée à ses fatigues par sa mère. Sa santé si faible ne pouvait les soutenir, et ce dévouement n'était pas toujours sans danger pour elle.

Chaque jour pourtant, toute chancelante, elle allait passer deux ou trois heures avec le malade. Ce supplice dura six ans au moins.

Devenue veuve et duchesse, elle se dévoua complètement à l'éducation de ses deux fils, Fernand et Ludovic, mais elle ne devait pas leur rester longtemps; elle fut enlevée en 1850, et elle n'avait pas quarante ans. Les enfants vinrent alors à Courtiras, chez leur grand-père, devenu leur tuteur; ils suivirent les cours du collège de Vendôme. Ils avaient alors, l'un quinze ans, et l'autre treize.

Fernand, l'aîné, était de beaucoup supérieur à son frère en toutes choses; c'était une haute intelligence; il y avait en lui l'étoffe d'un grand seigneur et d'un homme éminemment distingué. Il fit de brillantes études sans travailler. L'amour du plaisir dominait chez tous les deux, et peut-être leur aïeul eut-il le tort de ne pas laisser une soupape ouverte à l'évaporation de cette jeunesse : moins comprimée, l'explosion eût été moins forte.

Ainsi, on les engageait au bal à Vendôme, c'était bien innocent; on leur défendait de s'y rendre. Ils avaient un petit domestique qu'ils avaient baptisé Tortillard, qui, après le coucher des grands parents, venait leur tendre une échelle à la fenêtre de leur chambre. Ils s'échappaient et ne revenaient plus qu'au jour.

Je suis convaincue pourtant que si Fernand eût vécu après avoir jeté sa gourme, il fut devenu de bonne heure un personnage éminent. Il entra dans la diplomatie à vingt ans, et fut nommé attaché aux Etats-Unis pour son début. Il avait déjà la goutte et, de plus, sa mère lui avait transmis sa déplorable santé. Les joies exagérées qu'il s'accorda, dès qu'il eut une ombre de liberté, l'achevèrent.

Bien qu'il fût loin d'être beau, il était d'une distinction si parfaite qu'on oubliait son visage ingrat. Il se mit en route pour se rendre à son poste, dans un état presque inquiétant; sa faiblesse était extrême; il s'embarqua donc plein d'espoir sur l'*Artic*, paquebot américain.

Ludovic était, en ce temps-là, joyeux garçon, petit, gros, un peu joufflu, blanc et rose, annonçant une santé parfaite, de l'élégance malgré ses habitudes de jouvenceau. Il s'est élancé tout à coup et a changé complètement en fort peu d'années.

Fernand partit donc sur ce bâtiment et fit un bon voyage, à peu près jusqu'à la hauteur de Terre-Neuve, mais parvenu dans ces parages très périlleux, dit-on, un brouillard épais entoura le navire, si bien qu'il fut touché par un autre, lorsqu'ils arrivaient tous deux à toute vapeur. L'un continua sa route, sans avaries sérieuses, l'autre fut absolument enfoncé et le capitaine, après un examen, le déclara perdu.

On s'occupa tout de suite de mettre les chaloupes à la mer; le bâtiment contenait un grand nombre de passagers. On avait du temps devant soi, mais le sauvetage ne put pas s'opérer avec ordre; la terreur était trop grande. On se jeta dans les canots, on les remplit au point de les faire chavirer; il y eut une confusion horrible.

Quelques matelots résolus, le pistolet au poing, conservaient pour eux une embarcation; le valet de chambre de Fernand y eut une place pour son maître et une pour lui. Il s'agissait seulement d'y descendre et le pauvre enfant, malade, n'avait pas assez de forces pour nager jusque-là; le domestique fit des efforts inouïs pour l'aider et le sauver; deux fois il le saisit; les matelots s'impatientaient et ne voulaient plus attendre; un câble pendait sur les vagues en dehors du navire; Fernand qui se sentait enfoncer le saisit machinalement et remonta sur le pont où il retomba inanimé.

Il ne restait plus que deux ou trois personnes, et le capitaine obligé de mourir à son bord. Il avait fait embarquer sa femme et ses enfants, et s'était séparé d'eux après des adieux déchirants. Le jeune duc revint à lui pour assister à une agonie de six heures. L'*Artic* mit six heures à s'enfoncer! Jugez quelles pensées durent se succéder dans la tête et dans le cœur de cet enfant, à qui Dieu avait accordé tous les dons, pour qui la vie s'ouvrait si belle!

Les vues de la Providence sont immenses et secrètes. Le capitaine, je l'ai dit, avait voulu sauver sa famille; la chaloupe qui la portait se perdit, tandis que lui, qui semblait destiné à la mort, fut préservé miraculeusement. Dans le bouleversement, le tambour de la machine se brisa, il fut détaché et submergé. La Providence l'envoya à la portée du capitaine. Fort et vigoureux il s'y cramponna, ce fut comme un radeau rédempteur. Dans la nuit même, le brouillard s'étant dissipé, il fut recueilli par un bâtiment, et c'est par lui qu'on a connu les derniers moments de mon infortuné cousin et qu'on eut la preuve de sa mort.

De toutes les embarcations, une seule fut préservée, celle où était le valet de chambre : on eut ainsi des détails complets.

J'étais cette année-là à Courtiras, où ma mère avait un cottage près de la maison de M. Paulze. A la fin de septembre, Ludovic était venu de Vendôme, où il était établi pour suivre plus assidûment ses cours qu'il ne suivait guère, hélas ! Il faisait bien plus volontiers l'école buissonnière ; il était venu, dis-je, passer la soirée avec nous. Il faisait un temps magnifique ; il avait ri et dansé, couru dans le jardin, comme un enfant qu'il était malgré ses dix-huit ans ; à dix heures, il allait se retirer ; je proposai à ma mère de le reconduire un peu.

Elle accepta ; il fut enchanté : nous prîmes la grande rue du village où tout dormait, et il marchait en avant, chantant avec la voix la plus fausse de l'Empire, la *Chanson des Louis d'Or* alors à la mode.

Pour aller de Courtiras à Vendôme, il y a deux chemins, sans compter la grande route. L'un de ces chemins serpente à travers une plaine de champs cultivés, l'autre suit à peu près directement un sentier bordé de haies conduisant au grand faubourg de la ville où, justement, Ludovic demeurait.

Jamais je ne le vis si gai. C'étaient des éclats de rire, des chansons, ces malheureux *Louis d'Or* surtout qu'il écorchait magistralement. Un tintement de grelots l'accompagna tout à coup.

— Ah ! ah ! dit-il, voici pour chanter la romance de Marco !

Et il l'entonna à toute voix ; les grenouilles s'en réveillaient pour l'accompagner.

Ainsi, pendant que nous allions d'un côté, les grelots avançaient de l'autre, se dirigeant vers le hameau que nous quittions. C'était un cheval de poste, dont nous apercevions de loin la silhouette dans l'obscurité ; à pareille heure, très indue pour le pays, les chevaux dorment à l'écurie. Que venait faire celui-là ? Ludovic en était surtout fort intrigué...

Pauvre enfant ! Il y a souvent des rapprochements étranges !...

Ce cheval apportait le télégramme annonçant l'épouvantable fin de son frère, pendant que lui s'en allait si joyeux. Le lendemain, il fallut lui apprendre le malheur. Il faut tirer un voile sur de pareils tableaux.

CHAPITRE XIV

Le testament. — Les mémoires enfilés dans une ficelle. — Conversation de la *rude* comtesse. — Histoire de l'aïeule d'un ministre. — Cinq cent mille francs. — Un colonel. — Une mère de vingt-deux ans et une fille de huit. — Une alliance royale. — La famille des Atrides. — Comme les apparences trompent. — Un mariage. — Une fausse sœur et une bonne. Départ pour Paris. — Correspondance interrompue.

Lorsque M. et Mme de Gramont eurent quitté Mme de Rumford, elle devint muette sur ses dispositions; pourtant elle se montra plus aimable pour son autre petite nièce, Gabrielle de Sugny. Elle laissa croire qu'elle pourrait peut-être lui faire un avantage, rien de plus. Loin de s'occuper de lui chercher un mari, elle laissa sa famille entièrement libre à cet égard. Gabrielle épousa M. Léon de Chazelles[1], un homme fort instruit et intelligent, dont la fortune et la position étaient parfaitement assorties à la sienne. Ils habitaient Clermont, dont plus tard il devint député. Il l'a été fort longtemps et sa famille est une des plus considérables du pays.

Mme de Rumford mourut, je l'ai dit.

1. Léon de Chazelles, né le 15 mars 1804, à Clermont-Ferrand, représenta le département du Puy-de-Dôme à la Chambre des Députés, de 1849 à 1863.

Elle n'avait fait que quelques confidences ambiguës sur son testament, assez néanmoins pour que M. et Mme de Chazelles pussent espérer une grosse part. Tous les héritiers réunis, on chercha cette pièce importante, on culbuta tous les tiroirs sans rien découvrir. Le bruit se répandit que la comtesse n'avait pris aucune disposition, que par conséquent cette grande fortune allait être partagée entre ses neveux et sa nièce pour revenir ensuite à leurs enfants.

Tous ceux qui connaissaient bien la défunte ne crurent pas à cet oubli de sa part. Il était impossible qu'elle eût laissé ses chers trésors sans les avoir légués à quelqu'un.

Un petit clerc de notaire, qui collationnait des notes passées dans une ficelle, découvrit un matin cet acte essentiel au milieu de tout cela.

Mme de Rumford avait voulu être bizarre jusqu'à la fin.

Mme de Chazelles était légataire universelle, sauf des legs considérables à ses autres petits-neveux, rien à Mme de Sugny ni à M. Paulze, ni à Mme de Gramont.

Mme de Chazelles eut donc les millions; c'est alors qu'elle abattit l'hôtel et que l'on construisit les rues Rumford et Lavoisier sur cet emplacement. Ce testament occupa fort toute la société de Paris et, certes, nul ne s'y fût attendu. Elle laissa à ses savants amis des legs tout à fait incroyables, tel qu'un volume à prendre dans la bibliothèque à leur choix, et d'autres niaiseries; cela lui ressemblait tout à fait.

Elle était fort curieuse à entendre; sa mémoire était restée merveilleuse; elle savait une foule de choses sur tout le monde, mais surtout sur l'ancien temps. Elle recevait beaucoup les ministres. Je dînai chez elle un jour par hasard, au milieu de son aréopage. Je dis « par hasard » parce que, d'ordinaire, elle ne réunissait pas la jeunesse et les *gros bonnets*.

Parmi ces ministres, il s'en trouvait un jeune et très en faveur; lorsqu'il fut parti, nous ne restions plus que cinq ou six personnes, on parla de lui et quelqu'un s'étonna de la rapidité de son avancement.

— Ce n'est pas surprenant, dit-elle, on lui doit cela : en outre qu'il le mérite, c'est un parent.

— Comment un parent? s'écria-t-on.

— Oui, et je vais vous dire comment, si vous le désirez. J'ai lu dans le temps l'anecdote originale; je vous la garantis authentique.

Voici ce qu'elle raconta :

Un jeune homme fort pauvre du Dauphiné était entré de bonne heure au service. Il avait acheté à grand'peine une compagnie, mais c'était un cul-de-sac dont il ne sortait pas et il ne se voyait rien de plus comme avenir, à moins d'une guerre enragée, encore fallait-il que sa compagnie fût désignée pour la campagne, et de plus protégés pouvaient bien lui couper l'herbe sous le pied.

Pour achever, il devint amoureux d'une de ses cousines, une fille de son âge, c'est-à-dire vingt-trois ou vingt-quatre ans, pas plus riche que lui, mais très forte de tête, et qui, malgré l'attrait qui la portait vers lui, eut assez de raison pour lui faire comprendre qu'ils ne pouvaient se marier si gueux l'un et l'autre et qu'ils ne sauraient soutenir, avec rien, le rang qu'ils devaient à leur naissance. Il fallait en conséquence se jurer de s'aimer toujours et se séparer quelque temps. Il devait aller à Versailles faire usage de ses protections, et tâcher d'arriver à quelque chose. Il ne pouvait douter de sa tendresse; elle lui resterait fidèle jusqu'à sa mort; cependant elle ne l'épouserait pas avant qu'il eût une position certaine et inattaquable.

Le jeune homme était raisonnable; il connaissait sa fiancée depuis l'enfance; il avait toute confiance en elle; ils échangèrent de nouveau leurs promesses, se donnèrent mutuellement un anneau, et après bien des larmes, se séparèrent.

M. de... vint à Versailles, et s'en alla tout droit trouver M. de Choiseul, le premier ministre, pour qui il avait des lettres de recommandation très pressantes, de la part de personnages puissants de la province. Il s'imaginait dans son inexpérience qu'il allait arriver d'emblée, mais on lui répondit chez le ministre que Monseigneur ne recevait pas ainsi le premier venu, se disant porteur de lettre d'introduction. Il fallait d'abord déclarer ses noms, ceux de ses patrons, ensuite on transmettrait la demande d'audience, et, si elle était accordée, le solliciteur en recevrait avis.

Il fit ce qui lui était prescrit, puis il s'en alla la tête basse à son auberge où il écrivit une longue lettre désolée à sa cousine.

Il avait peu d'argent, bien peu; si on le retenait ainsi, il ne pourrait suffire aux dépenses, il faudrait repartir sans avoir rien terminé et le voyage deviendrait inutile. Trois jours après, un gros paquet au cachet du ministre lui arriva, et fut ouvert d'une main tremblante d'anxiété.

L'audience était accordée et fixée au lendemain.

Le capitaine se fit le plus beau possible; il avait véritablement fort bonne mine, et quand il se présenta dans les salons d'attente, il y fut très remarqué. Bien qu'intimidé par son isolement, il fit une contenance convenable; son nom jeté par l'huissier dans la foule arriva jusqu'à lui; il fut admis près M. de Choiseul, qui le reçut parfaitement et l'engagea à revenir bientôt. Il lui promit de s'occuper de lui, aussitôt que faire se pourrait; il l'adressa à son premier secrétaire, plus à même que lui de connaître les petits intérêts privés.

— N'ayez aucune crainte, vos droits sont incontestables, je désire être agréable à vos protecteurs, je vous promets un avancement prochain. En attendant, venez à Versailles, présentez-vous le matin chez moi ou les maréchaux, vous y rencontrerez des militaires, ce sont de bonnes connaissances pour vous, ils vous serviront.

Il le renvoya après cet avis. Le jeune homme ne touchait pas la terre; il croyait avoir ville gagnée et se voyait déjà à la tête de deux compagnies au lieu d'une.

La lettre du soir fut un brûlant *Te Deum* : on allait se revoir, on serait heureux, et toute la chanson des amoureux en pareil cas.

Huit jours se passèrent, puis quinze, puis un mois ; il ne voyait rien arriver. Il ne manquait pas de faire sa cour chaque jour dans tous les endroits où ceux de son grade étaient admis ; il fit des connaissances et ce fut tout.

L'officier retourna chez le secrétaire ; il ne fut pas reçu ; on lui fit dire seulement d'avoir patience ; il tâcha de la prendre, mais elle lui échappa bien vite, ses ressources s'épuisant. Il recommença ses *pianti* en Dauphiné. Les réponses furent encore plus tristes, la cousine était plus décidée que jamais à ne pas passer outre sans une certitude.

Un matin il arriva, décidé à entrer par n'importe quel moyen chez le ministre. Il était de bonne heure ; il n'y avait encore personne au cabinet de M. de Choiseul. En attendant, il se promena seul sur la terrasse, devant le château, réfléchissant beaucoup et se désolant fort.

Tout à coup on prononça son nom à côté de lui ; il aperçut, en se retournant, un des secrétaires qui le pria très poliment de le suivre, un grand personnage désirant lui dire un mot dans le cabinet de son patron.

M. de ... ne se le fit pas répéter. Il fut introduit et trouva en effet, chez le secrétaire, un homme âgé qu'il ne connaissait pas, décoré du cordon bleu et ayant toutes les attitudes d'un personnage considérable. Il regarda beaucoup le jeune homme, resta quelques instants sans lui parler, puis, tout à coup, il entama la conversation par une question très extraordinaire :

— Monsieur, lui dit-il, voulez-vous être colonel ?

— Moi !

— Voulez-vous toucher cinquante mille francs ?

— Est-il possible !

— Voulez-vous l'assurance d'une haute position que vous ne perdrez jamais ?

— Monsieur, mais que faut-il faire pour tout cela?

— Une chose bien simple : vous marier.

— Ah! Monsieur, c'est mon plus cher désir. Je suis fiancé à ma cousine, nous nous adorons.....

— Quel âge a Madame votre cousine?

— Vingt-deux ans.

— Il n'y faut pas penser, elle est trop jeune, choisissez-en une autre.

— Jamais, monsieur, je l'aime et j'ai juré.

— Alors prenez que je n'ai rien dit. J'en suis fâché. Je désirais vous être utile ; vos protecteurs sont mes amis comme ceux de M. de Choiseul ; nous avions trouvé cette manière de faire votre fortune ; vous n'en voulez pas, ne vous en prenez qu'à vous de votre insuccès et retournez dans votre province ; épousez votre fiancée, nous ne nous y opposons pas, mais vous vous casserez le cou.

— Un instant, un instant, monsieur... Peut-être trouverons-nous un autre moyen en le cherchant. Pourquoi repousser ma cousine? qu'importe l'âge? on ne peut me donner pour femme une douairière.

— Non certes.

— Pourquoi pas ma cousine aussi bien qu'une autre?

— Voici pourquoi : vous comprenez à merveille qu'on ne vous offre pas ces avantages sans attendre quelque chose de vous en retour. Il s'agit, en vous mariant, de reconnaître, vous et votre femme, une petite fille de huit ans, de lui donner votre nom et de la proclamer vôtre en face de l'univers, mais il faut au moins que ce soit vraisemblable.

— Il faut aussi qu'une jeune personne consente à accepter une telle charge, monsieur, et beaucoup pourraient refuser.

— Vous croyez? Je ne suis pas de cet avis.

M. de ... réfléchissait ; l'autre le vit ébranlé, il lui porta le dernier coup.

— Écoutez, reprit-il, vous m'intéressez fort ; je ne veux pas me prononcer encore sur votre refus. Réfléchissez, la chose ne presse pas, à une semaine près. Combien vous faut-il de temps pour prendre une décision ?

— Quinze jours, monsieur.

— Quinze jours, soit. Revenez dans quinze jours à la même heure, vous me retrouverez ici, et si vous êtes plus raisonnable, tout se décidera sur-le-champ.

La condition fut acceptée et l'officier, la tête bouleversée, rentra chez lui pour écrire à son Égérie. Il ne lui cacha rien, ni l'odieux de la proposition, ni les avantages. Il lui demanda si elle se sentait la force de prendre à sa charge la faute d'une autre et d'acheter la fortune par un acte aussi risqué que celui-là. Il n'épouserait qu'elle, n'importe ce qui arrivât ; mais, avant de donner un refus définitif, il voulait s'en remettre à sa décision.

La lettre partit ; il attendit la réponse avec une fiévreuse impatience. Elle arriva sans retard d'une seule minute ; et elle fut telle qu'elle devait être, de la part d'une personne aussi entendue que celle-là dans la science de la vie.

Il fallait accepter ; à la rigueur, la maternité était possible ; elle ne craindrait pas de l'accepter puisque la réparation en était la conséquence, et d'ailleurs y eut-il pour elle quelque défaveur, elle était heureuse de se sacrifier à son avenir et à son bien-être. Elle lui offrait volontiers sa réputation en holocauste, d'autant plus qu'en changeant de pays, en tenant secrète l'époque de son mariage, en se vieillissant un peu et en rajeunissant la petite fille, personne ne songerait à mal.

Transporté de joie, le jeune homme alla rendre la réponse et communiquer ses conditions à qui de droit. Le cordon bleu l'écouta en souriant, le félicita d'avoir une femme si *indulgente*, et lui donna sa parole qu'avant quelques semaines tout serait terminé à sa satisfaction.

Mlle de ... quitta le Dauphiné sans communiquer,

même à ses meilleures amies, sa nouvelle fortune; elle remplit toutes ses promesses; on lui présenta une charmante enfant, qu'elle aima comme si elle eût été véritablement la sienne, et plus tard cette enfant devint la nièce du ministre dont j'ai parlé.

Maintenant, quels étaient ses parents? C'est ce qu'on ne peut affirmer positivement. On a parlé d'une des filles de Louis XV; on a parlé de Louis XV lui-même. Ce qu'il y a de sûr, c'est qu'elle tenait à la famille royale par un lien très proche. Toutes les promesses furent dépassées, et la fortune du jeune ménage alla toujours en croissant jusqu'à la mort du roi.

Ce fait est peu connu; il est remarquable à cause de la route suivie par le rejeton, qui servit de préférence les cadets de sa famille et abandonna ses vrais aïeux.

Je veux maintenant raconter une autre histoire, que je ne puis en vérité passer sous silence, bien que ce soit une épouvantable tragédie, laissant derrière elle les Atrides et toutes les familles mythologiques poursuivies par la fatalité. Ce que je vais dire est strictement vrai; j'ai connu les masques et toute une province pourrait attester les faits qui ne sont eux-mêmes que trop connus. Ils se sont dévoilés par des dissensions intérieures, nées d'un partage de succession : on sait jusqu'où vont les colères d'argent; elles sont au moins aussi fortes que celles d'amour-propre : on ne saurait rien dire de plus.

Dans un de nos départements les plus riches, et je ne veux en rien désigner lequel, vivait un jeune homme d'assez bonne race, riche, considéré à cause de cela dans le pays, bien que des rumeurs sourdes l'eussent beaucoup fait déchoir dans l'opinion de ses pairs.

Il habitait un château assez retiré et voyait très peu de monde, peut-être parce que le monde ne se souciait pas de le voir. Sa santé servait de prétexte : il avait de l'esprit, et il sentait probablement la nécessité d'en donner un.

C'était un homme très bien élevé, de fort bonnes manières, professant en apparence les meilleurs principes et les opinions les plus convenables sur toutes choses. On n'eût jamais pu supposer, en le voyant, que ce fût un de ces monstres que l'humanité repousse, et pourtant il en était ainsi.

Jusqu'à sa mort on causa tout bas, on fit plutôt des conjectures qu'on ne découvrit des certitudes; mais, lorsqu'il eut fermé les yeux, il y eut une explosion de cris, de tels événements se produisirent qu'il ne fut plus permis de douter.

Voici toute l'histoire de cette existence.

Donnons-lui un nom quelconque ; appelons-le M. André.

Il se maria assez jeune avec une personne distinguée, très douce, un peu maladive et d'un commerce facile. Elle ne le gênait en rien et lui laissait toute sa liberté d'action, incapable qu'elle était de le suivre dans ses courses, et dans ses plaisirs. Elle eut néanmoins trois enfants qu'elle éleva.

Mme André avait une sœur plus jeune qu'elle et plus jolie, du moins son mari la trouva telle. Il en devint amoureux, il parvint à s'en faire aimer, et bientôt il fallut songer à cacher les suites de cette faute presque incestueuse. Le gentilhomme emmena sa belle-sœur dans une province où on ne les connaissait pas. Il l'y établit sous un faux nom ; il se donna comme son mari, et là elle mit successivement au monde trois filles qu'il ne pouvait reconnaître, bien entendu.

Il partageait son temps entre ses deux ménages, d'une façon inégale, on le pense bien. A peine paraissait-il à son domicile véritable, où sa pauvre femme se mourait de maladie et de chagrin, car elle savait tout. Elle ne se plaignit pas; elle s'éteignit dans les larmes, recommandant en mourant ses enfants à une autre sœur qui l'assista jusqu'à la fin. Celle-ci, au moins, était une digne femme, et ce caractère repose les yeux et le cœur, au milieu des horreurs qui l'entouraient.

Elle jura à sa sœur de ne pas se marier et de consacrer sa vie à ses neveux, particulièrement à sa nièce appelée Christine, douce enfant à qui les conseils et la tendresse d'une mère allaient manquer sitôt. Cette mère craignait pour elle l'abandon; elle craignait que son père ne reportât toute sa tendresse sur les fruits de l'adultère et ne la confiât à de mauvaises mains pour se débarrasser des remords.

Elle était loin de prévoir ce qui devait arriver.

La tante tint scrupuleusement sa promesse et devait la payer par une douleur comme il s'en trouve peu.

La maîtresse de M. André succomba dans une quatrième couche, et l'enfant mourut également. Il revint alors tout à fait chez lui et ne parla pas de son autre famille, qu'il fit élever en secret. Les enfants légitimes ne soupçonnaient pas l'existence de leurs sœurs-cousines, et pendant quelques années, tout alla bien à peu près. Mlle Amélie, la tante, tenait la maison, élevait sa nièce qui devenait fort belle, tandis que ses deux garçons faisaient tranquillement leur éducation au collège.

Cela ressemblait à une famille honnête et unie, comme deux gouttes d'eau. Il n'y avait rien à dire contre personne; la fugue avec la belle-sœur n'avait jamais été bien prouvée. André fut reçu partout où il voulut aller; on regretta même qu'il fît si peu de relations.

Ceci dura jusqu'à l'époque où Christine eut seize ans. Son père était pour elle d'une tendresse sans pareille; il ne pouvait la quitter, même une journée, et l'emmenait partout avec lui. Il la comblait de présents, prévenait ses moindres désirs, et s'efforçait de se faire aimer d'elle par tous les moyens possibles.

Il y réussit; la jeune fille adora son père. Mlle Amélie bénissait le ciel et songeait combien sa pauvre sœur eût été heureuse d'un tel résultat, elle qui avait tant redouté le contraire.

Un jour, André annonça qu'il allait passer huit jours

à Paris avec Christine. Ce fut pour celle-ci une joie immense; elle se fit une fête de ce voyage et proposa d'emmener sa tante. Le père en montra de la jalousie, et cette excellente créature renonça d'elle-même à ce plaisir, en faisant naître des obstacles imprévus.

Le père et la fille partirent. Pendant la première semaine, Christine écrivit trois fois à sa tante pour lui raconter ses ravissements ; tout à coup elle n'écrivit plus. Elle n'était pas malade pourtant, car son père donnait exactement de ses nouvelles, et rejetait sur ses plaisirs, sans cesse renouvelés, le silence qu'elle gardait avec sa seconde mère.

Celle-ci ne fit aucun reproche, mais elle en pleura bien des fois en secret.

CHAPITRE XV

Un malheur et un crime. — Myrrha. — Épouvantables suites. — Calme trompeur. — Deux nouvelles venues. — Seconde réminiscence de Loth. — Le tyran en jupons. — Un père sans préjugés. — Abomination. — Mort d'un infâme. — Pauvres innocents! — Ce qui reste d'une famille maudite. — Les toits enlevés. — Une Brinvilliers. — Une folle par amour. — Où un pareil sentiment conduit.

Le voyage se prolongeait; malgré les assurances du père, Amélie devint sérieusement inquiète du mutisme de la jeune fille; elle voulut savoir la vérité, et, sans rien dire à personne, partit.

En arrivant, elle découvrit un épouvantable malheur, une de ces choses qui révoltent la nature et que l'on ne sait en vérité comment dire. Christine ne leva pas la tête lorsque sa tante entra dans sa chambre; elle était tristement assise dans un coin, concentrée en elle-même et changée à faire peur. M. André était absent. Lorsqu'elle entendit la voix d'Amélie, elle jeta un cri et tomba dans ses bras presque pâmée.

— Mon Dieu! dit la bonne vieille fille, qu'as-tu, mon enfant?

Christine eut une convulsion violente qui révélait un état des plus alarmants. Il était facile de deviner le mal dont elle était atteinte. La crise dura plus d'une heure et demie, et quand elle cessa, la malheureuse resta comme hébêtée : elle n'avait plus la jouissance de ses facultés.

Le père était revenu; il se montra fort contrarié de l'arrivée de sa belle-sœur et le lui dit brusquement. Elle lui expliqua qu'il ne l'avait pas demandée; elle lui reprocha au contraire de ne pas l'avoir prévenue et lui déclara qu'elle ne quitterait plus sa nièce, à qui les soins étaient nécessaires désormais.

Il s'emporta d'abord et se calma ensuite, par la réflexion sans doute. La jeune fille restait inanimée, mais une sorte d'instinct la rapprochait de sa tante; elle appuyait sa tête sur sa main et se cramponnait à elle. Quand M. André s'approcha et voulut la toucher, elle poussa des cris affreux, ce qui sembla bien étrange à Amélie.

Pendant plusieurs jours, l'enfant resta ainsi. La tante avait beau interroger le père, il répondait toujours qu'en revenant de l'Opéra, un soir, elle avait été prise d'une première convulsion, récidivée le lendemain matin, sans que rien ait provoqué cet état. Il avait appelé les premiers médecins, qui avaient prescrit le repos d'esprit et de corps, la distraction; c'étaient des attaques nerveuses, produites peut-être par son changement d'existence. Avec du temps et de la patience, on en viendrait à bout.

Mlle Amélie, si elle voulait l'en croire, retournerait au château, où sa présence était nécessaire, tandis qu'on n'avait aucun besoin d'elle à Paris; dès que sa nièce serait guérie, ou même en voie de guérison, elle reviendrait près d'elle. Il ne voulait pas la ramener dans cet état, pour ne pas donner lieu à de méchants propos.

A cela Amélie secouait la tête et répondait que sa sœur, au lit de mort, lui avait remis son pouvoir sur sa fille et qu'elle ne la quitterait pas.

Lorsqu'elle interrogeait en particulier les domestiques, ils avouaient, qu'en effet, c'était après une soirée passée à l'Opéra, que le mal s'était déclaré, mais seulement le lendemain matin. Monsieur et Mademoiselle étaient rentrés fort tard ; Mademoiselle, presque endormie, avait été portée dans son lit, et le jour suivant, à dix heures du matin, elle s'était éveillée dans la première crise.

Ces rapports contradictoires préoccupaient beaucoup la seconde mère. Elle se décida à consulter un docteur en renom et le fit avertir à l'insu de M. André.

Il vit la malade et la déclara atteinte du mal caduc, avec complication d'une folie mélancolique. Ceci n'avait pu arriver, ajouta-t-il, qu'à la suite d'une cruelle émotion ; il n'y voyait aucun remède que dans la jeunesse et la force de la pauvre enfant.

Ce fut pour la tante un coup dont elle eut bien de la peine à se remettre. La certitude d'être utile à Christine put seule lui donner du courage. Elle déclara à son beau-frère ce qu'elle avait appris. Il se révolta plus que jamais. Certaines complications de santé donnèrent une direction nouvelle aux craintes de la pauvre fille. Elle les communiqua également, mais, sous ce rapport, elle trouva chez le père, une incrédulité complète. Il n'avait pas quitté Christine ; il était très sûr de son fait, et ces pensées-là étaient des visions.

Amélie insista de plus en plus, sans parvenir à le persuader; néanmoins, il ne s'emportait pas et se montrait aussi désolé qu'elle. Une nuit qu'elle avait consenti à coucher la malade, étant parfaitement tranquille, M. André enleva sa fille et l'emmena dans un asile désert, où ni elle, ni aucun de ses amis ne pourraient la découvrir, disait-il, dans une lettre qu'il avait laissée. Il voulait être le maître de son enfant et n'entendait partager son autorité avec personne.

Lorsque la tante s'adressa à l'autorité pour retrouver les fugitifs, il lui fut répondu qu'un père avait tous les droits et qu'on ne se mêlait pas de ces choses-là.

Il lui fallut, de guerre lasse, retourner au château,

où elle attendit près d'un an le retour de Christine, qu'on ne lui rendit qu'après une année et dans une affreuse position. A peine put-elle la reconnaître.

Cependant, des soins affectueux et intelligents apportèrent une amélioration sensible dans sa santé.

Les crises s'éloignèrent et perdirent de leur force. Sa raison lui revint par intervalles. Amélie profita du premier moment lucide pour l'interroger. Voici l'horrible histoire qu'elle lui raconta.

Son père l'avait en effet conduite à l'Opéra, dans une des plus belles loges. Il lui avait donné une toilette splendide, et elle avait eu la tête tournée de tout cela. Pour rendre la fête complète, il lui offrit un souper délicieux dans le meilleur restaurant. En sortant de là, elle s'était endormie si vite et si profondément, que très probablement le sommeil avait été provoqué par un narcotique.

Le lendemain matin, quand elle se réveilla, son père était auprès d'elle : elle était déshonorée, et il ne craignit pas de lui avouer ce crime abominable. De là sa maladie, de là sa raison perdue.

Lorsqu'il l'avait enlevée, c'était pour la conduire au midi de la France. Elle ne savait pas au juste à quel endroit, n'ayant vu personne et n'ayant pas été assez forte pour sortir. Elle était accouchée d'un fruit de cet inceste. On le lui avait enlevé, et jamais ses prières n'avaient pu obtenir qu'on le lui rendît et qu'on lui fît connaître le lieu où il était caché. On l'avait fait disparaître probablement.

Depuis lors, elle n'avait plus été en butte aux persécutions de son père. Il était devenu indifférent pour elle, et semblait même avoir une certaine crainte qu'elle parlât. Il avait consenti à la ramener près d'elle, à condition qu'elle ne verrait personne et qu'elle ne lui dirait pas ce qui s'était passé.

Il est facile de comprendre la colère, la douleur et l'exaspération d'Amélie. Elle promit de se taire cependant, afin qu'on ne les séparât point ; son beau-frère ne put pas se douter qu'elle fût instruite, bien qu'elle ne l'abordât qu'avec un frisson d'horreur.

Un beau jour, il déclara à Christine et à Amélie qu'il avait deux autres filles, qu'elles allaient arriver au château, où il comptait les garder désormais, qu'elles porteraient son nom, qu'il les reconnaîtrait hautement comme lui appartenant et comme issues d'un mariage secret avec une femme qu'il n'était pas besoin de nommer. Il n'admettait pas d'observations, et n'en supporterait aucune.

On ne lui en fit pas. Christine n'était pas fille à s'en affliger. Que lui importait que de nouvelles affections se plaçassent entre son père et elle! Au contraire, elle serait sans doute plus seule, plus libre avec Amélie, qui ne demanda même pas quels liens l'attachaient à ces enfants du hasard; elle ne le savait que trop.

Les deux intruses arrivèrent en effet; l'une était assez insignifiante; la seconde révélait déjà, dans un si jeune âge, un caractère de fer et une atroce ironie. Elle a tenu depuis tout ce qu'elle promettait.

Pour la seconde fois, un replâtrage eut lieu, et l'apparence cacha les plaies honteuses de cette famille. On parla bien un peu dans le pays sur ces nouvelles venues. Les parents éloignés s'étonnèrent de l'introduction de ces filles reconnues, dont l'origine ne se dévoilait pas, mais comme au total cela ne regardait que les intéressés, qu'ils vivaient fort retirés, on se tut, ou du moins on ne parla que tout bas.

Ainsi se passèrent quelques années, et l'éducation des jeunes filles s'acheva; elles étaient en bons termes avec leur sœur aînée, dont la pensée unique faisait son malheur et qui ne vivait qu'en une seule espérance, qu'on lui remettrait peut-être quelque jour la pauvre créature, objet tout à la fois pour elle d'horreur et d'adoration.

Rien n'était triste comme cet intérieur. Bien que le château fût situé dans un pays superbe, sous un soleil de feu, qui vivifiait tout autour de ce domaine, il semblait que ses rayons n'y tombaient qu'à regret. Le jardin inculte ne fournissait que des chardons et de mauvaises herbes; nul ne s'en occupait. Christine y errait seule une partie de la journée; par un accord tacite, on le lui abandonnait entièrement, et on n'y dérangeait pas ses rêveries; elle pouvait y pleurer en liberté.

Les jeunes filles grandirent; elles atteignirent bientôt l'âge où elles devaient compter dans le monde. Le père était vieux, mais l'amour relatif de son sang était invétéré dans sa nature. Il prit pour l'aînée de ses bâtardes le même sentiment que pour Christine. Cette fois seulement il n'eut pas besoin d'user de violence; elle se rendit facilement, et, depuis ce jour, la maison changea de face.

Cette enfant en devint la maîtresse absolue; elle eut la direction de toutes choses; son père ne voyait plus que par ses yeux. Elle touchait les revenus, en disposait, gouvernait suivant sa fantaisie. Le moindre de ses désirs était un ordre, et chacun devait s'y soumettre. Sur un mot d'elle, les domestiques étaient renvoyés; son humeur était la boussole du logis. Était-elle gaie? il fallait rire. Était-elle triste? il n'était pas permis d'élever la voix.

« Quand Berthe avait bu, la maison était ivre. »

Absolument comme la Pologne du temps d'Auguste.

Berthe était toute-puissante chez le riche châtelain, et ceux qui désiraient obtenir de lui quelque faveur, s'adressaient à son jeune tyran.

Ses sœurs se soumirent. Christine seule eut quelques accès de révolte dans ses moments lucides; elle voulut faire sentir sa position régulière et la différence de ses droits : on ne l'écouta pas.

M. André tomba bientôt malade, d'une de ces maladies fatalement mortelles, qui n'ont pas de nom positif dans la science, et que Dieu semble envoyer comme un châtiment à certaines natures. C'était un décroissement de forces qui augmentait chaque jour ; il n'avait plus ni appétit ni sommeil ; ses membres endoloris lui refusaient leur usage, et cependant ce n'était ni la goutte, ni le rhumatisme, ni rien de très déterminé par des symptômes connus.

Il habitait sous un climat béni, où les brises se parfumaient des roses et des orangers. Bien que le jardin fût inculte, comme je l'ai dit, il restait çà et là quelques arbustes dont les émanations le vivifiaient, et il n'éprouvait un peu de soulagement qu'en laissant ses fenêtres ouvertes et en se réchauffant aux rayons du soleil.

Il sortait encore quelquefois dans sa calèche découverte ; mais la déconsidération l'entourait, et bien des gens évitaient de le voir afin de ne pas le saluer.

Son fils du premier lit, ou plutôt du seul lit avouable, était fixé à Paris, où il occupait un emploi très élevé dans un ministère. Lorsqu'il apprit la maladie de M. André, il demanda un congé, afin d'aller veiller à ses intérêts, qui lui semblaient fort compromis par son absence.

Il n'avait jamais remis le pied sous le toit paternel, depuis que les étrangères y avaient usurpé sa place. Il connaissait la situation et le caractère de Christine ; elle était incapable de s'opposer à aucune dilapidation de fortune.

Il passa par-dessus sa répugnance et se dit qu'après tout, il serait le maître du logis un jour prochain et qu'il aurait sa revanche. Ce n'était qu'un peu d'audace à trouver jusque-là.

Ici, j'hésite à poursuivre. Ce que je vais raconter est tellement horrible, tellement hors nature, que l'on refusera de me croire et que l'on m'accusera d'inventer des atrocités impossibles. Toute cette histoire n'est malheureusement que trop vraie.

Le fils n'avait pas plus de préjugés que le père.

Il ne fut pas resté deux jours au château qu'il eut découvert le dessous des cartes. Il comprit parfaitement ce qui devait en résulter. Christine et lui seraient déshérités de tout ce qu'il serait possible de leur enlever. Berthe tirait à elle de son mieux, dirigeant les volontés du mourant ; elle avait obtenu, pour elle et sa sœur, une donation de la main à la main, de fortes sommes dont elle s'était réservé la meilleure partie, bien entendu.

Il comprit que la fortune personnelle de son père pourrait bien suivre tout entière le même chemin. Le château et ses dépendances venaient de sa mère et ne pouvaient lui échapper ; il en serait promptement l'unique héritier, l'état de santé de Christine ne laissait pas supposer une longue vie ; mais le reste lui sembla fort aventuré, s'il n'y mettait bon ordre.

Ce n'était pas chose facile. Berthe ne se montrait guère plus traitable pour lui que pour les autres ; il sentait parfaitement, néanmoins, qu'elle tenait tout entre ses mains et que d'elle seule dépendait la réussite. Ce qui se passait entre elle et son père lui donna la mesure de la moralité de la fille ; il n'hésita pas à risquer l'entreprise, soit par la douceur, soit par la menace, je ne sais ; il la conduisit à son second crime, presque aussi abominable que le premier !...

Ils eurent un tel cynisme, qu'ils se cachèrent à peine ; ce fut bientôt le bruit public, toute la ville en parla. Ils ne s'en soucièrent pas et le moribond l'ignora. Bientôt, les suites de ce nouvel inceste ne purent se cacher ; il fallait aller à Paris, dans quelque asile ignoré, et déjà ils se repentaient de n'avoir pas mieux su dissimuler leurs démarches. La clameur du haro se faisait presque contre eux.

Un matin, ils annoncèrent leur départ à M. André, dont la maladie était à sa dernière période. Ils n'attendaient pas même quelques jours pour lui fermer les yeux ; ils avaient fait prendre les dispositions suivant leurs désirs, le reste leur importait peu. Ce reste, c'était la mort de leur père.

Que se passa-t-il entre eux dans cette suprême entrevue ? On ne sait. Ils restèrent assez longtemps enfermés tous les trois. A dix heures du matin, ils montaient en chaise de poste. A midi, M. André avait rendu le dernier soupir.

Leur voyage avait un autre but, celui de s'approprier des actions au porteur, dont leur père avait fait don à Berthe et qui ne figuraient pas dans l'inventaire de la fortune. Ils exécutèrent leur projet ; ensuite, la jeune fille s'enferma jusqu'au moment de sa délivrance. Que devint ce pauvre enfant? Il alla probablement rejoindre celui de Christine. On n'entendit jamais parler ni de l'un ni de l'autre.

Depuis lors, la pauvre Christine est morte aussi, se refusant à toutes les menaces d'abandon de fortune, toujours dans l'espoir de retrouver cet orphelin qu'elle ne devait pas revoir.

Le frère a délaissé sa place, et Berthe vit avec lui ; elle ne se montre pas et leur existence est murée. Ils habitent un quartier éloigné où personne ne les connaît. L'autre sœur est entrée au couvent; voilà tout ce qui reste de cette grande maison. Ils ont vendu la terre de leurs ancêtres, et n'oseraient plus se montrer dans les environs où leur histoire s'est répandue et se raconte à l'état de légende.

Je ne crois pas qu'on en puisse inventer de plus horrible. On semble accumuler à plaisir toutes les infamies, tous les crimes ; encore nul ne serait assez hardi pour mettre à la scène ce ramassis de scélératesses. Jocaste et Œdipe, qui révoltent tant de gens, étaient innocents par la pensée, s'ils ne l'étaient pas de fait. Ils ignoraient leurs liens ; mais ceux-là !...

Il y a, du reste, dans le monde bien des abominations cachées ; si l'on avait, comme Asmodée, le pouvoir d'ôter le toit des maisons, on y verrait des choses épouvantables, des crimes domestiques que la cour d'assises n'atteint pas ; des êtres que l'on tue à petit feu sans qu'ils s'en doutent, et des intimités qui révoltent la pensée.

On m'a montré une femme honorée et chérie de tous pendant vingt-cinq ans ; une circonstance fortuite a fait découvrir à son mari qu'elle l'empoisonnait petit à petit, qu'elle empoisonnait ses enfants de même pour se débarrasser d'eux tous, avoir la fortune et épouser un petit professeur qui venait instruire son fils. On a pu sauver les victimes, il en était temps encore ; la justice n'est pas intervenue. La femme a seulement été condamnée par sa famille à la retraite dans un couvent. Elle y était encore, il y a quelques années ; on l'y retenait par la crainte de la livrer à la loi, si elle faisait mine d'en sortir.

Je n'ai jamais vu de visage plus désolé et plus terrible que celui-là. Il faisait trembler.

J'ai connu une autre femme, bonne, charmante, belle, sans esprit, par exemple. Elle avait été honnète femme toute sa vie ; son mari mourut.

Elle avait un fils qui prenait des leçons de musique ; le maître de ce fils était une espèce de paltoquet, mal élevé et de bas étage, assez beau et d'une effronterie sans pareille. Il la fascina ; elle en devint éprise et se compromit horriblement.

Sa famille, ses amis, lui firent des observations. Elle ne trouva rien de mieux que de l'épouser. En deux ans, il eut mangé avec des créatures et des débauchés de toutes sortes ce qu'elle possédait. Quand elle n'eut plus rien, il se mit à la battre. On lui avait enlevé et son fils et sa tutelle. La pauvre femme, livrée à ce misérable, se mourait de douleurs et des suites des mauvais traitements.

Un de ses parents, fort riche, se décida à la sauver. Il fit offrir à son bourreau une excellente position en Amérique, à condition qu'il la quitterait et qu'il s'engagerait à ne plus la revoir. Il accepta à l'insu de sa femme, et partit sans lui dire adieu. Elle pensa en devenir folle; il fallut bien des mois, bien des soins pour la calmer.

Elle fit un petit héritage, qui lui rendit une certaine aisance. Chacun bénit le Ciel qu'il ne fût pas arrivé un peu plus tôt: au moins, elle le conserverait. Le brigand apprit, malheureusement, cette circonstance.

Il lui écrivit aussitôt une lettre de désespoir. Il accusa la famille de les avoir séparés. Il ne pouvait vivre sans elle, et lui demandait pardon du passé et la suppliait de venir le rejoindre, autrement il allait tout quitter pour revenir. Il savait bien qu'en lui révélant le lieu de son séjour, elle accourrait sur-le-champ, et là, seule avec lui, loin des siens, elle serait entièrement en son pouvoir.

Ce qu'il avait prévu arriva. Elle s'échappa sans en rien dire à qui que ce fût; six mois après, elle était morte, et il s'était fait donner la jouissance de son avoir.

Il n'y eut absolument rien à dire qu'à se soumettre. Ceux qui tuent par le chagrin ne sont point des meurtriers punis par la loi...

CHAPITRE XVI

La comtesse Louisa O'Heguerty. — Les cabinets de lecture. — La reine Amélie. — La boutique de l'esprit et la boutique des petits pâtés. — Benjamin Antier. — La Bastille. — La Tour de Londres. — Un Parisien. — Portrait d'un patriarche amusant. — Un marin devenu soldat. — Un soldat devenu professeur. — Un professeur devenu poète. — Un poète auteur dramatique. — M. Gillard. — Enfants de Mars. — Un mari de dix-neuf ans. — Une femme et d'esprit et de cœur. — La comédie de société. — Béranger comédien. — Amitiés immortelles. — Des chansons et des poésies. — Frédérick Lemaître. — Sa femme. — Embrassez-moi ! — La montagne de carton. — *L'Incendiaire*. — Bocage et Dorval. — *Les Beignets à la cour*. — Déjazet et Mlle Emma. — *Pierre Lerouge*. — Première représentation. — Le feu. — L'ancienne salle du Vaudeville. — Arnal, Mme Albert, Mme Doche, Suzanne Brohan.

Laissons ces horreurs, qui attristent malgré soi, et, pour nous rasséréner l'esprit, occupons-nous d'un des hommes de ce temps sur lequel l'esprit et le cœur aiment à se reposer le plus volontiers ; c'est un poète charmant, c'est un conteur délicieux, c'est Benjamin Antier[1].

J'avais retrouvé la famille O'Heguerty, dont il a été question souvent. La comtesse Louisa, chanoinesse de

1. Benjamin Antier, auteur dramatique, né à Paris, le 21 mars 1787. Il composa plus de cent pièces, qu'il signa de son prénom seulement.

l'ordre de Sainte-Thérèse de Bavière, était revenue fort malheureuse; elle cherchait un établissement quelconque pour vivre. J'avais de bons amis aux Tuileries. Il me vint à l'esprit que la reine comprendrait et secourrait cette infortune. Elle avait connu les parents de la comtesse à la cour; elle conservait ses souvenirs d'autrefois; elle était bonne: je risquai une démarche, faite par mes amis, auprès de Marie-Amélie.

Cette démarche réussit pleinement. Louisa désirait acheter un cabinet de lecture. C'était alors une bonne industrie, et beaucoup de femmes malheureuses et bien élevées s'en étaient trouvées à merveille; seulement, il fallait quelques fonds pour acheter des nouveautés et ne pas tourmenter les habitués du salon, sans cela on mettait à peine les deux bouts.

Un cabinet était à vendre sur le boulevard, presque en face de la rue de Lancry; l'emplacement a encore la même apparence extérieure, c'est la boutique où se trouvent deux fenêtres en ogive. Il y a maintenant, je crois, un pâtissier.

Ceci ressemblerait assez à la différence des époques. Dans notre jeunesse, on se nourrissait un peu de fumée: le roman était partout; aujourd'hui, on est plus substantiel, on préfère les friandises. Le magasin d'esprit a croulé: le magasin des petits pâtés prospère.

La reine acheta le cabinet pour la pauvre femme qui, dès lors, eut une sorte d'existence. Un jour, elle me parla d'un homme qui venait lire les journaux, et qui avait un esprit remarquable. C'était un auteur dramatique, un chansonnier; elle serait charmée de nous réunir. Bien que je n'eusse pas encore imprimé une ligne, je me piquais de littérature; j'acceptai l'invitation.

C'était au commencement de 1833.

Nous dînâmes donc ensemble, ce jour-là, pour la première fois, et grâce à Dieu, ce dîner-là a été suivi d'une immense quantité d'autres. Puisse l'avenir nous en réserver encore beaucoup, car Benjamin Antier est un des plus aimables convives qu'on puisse désirer.

Ce n'était déjà plus un jeune homme, en cette année de grâce 1833, car il est né en 1787, sous l'ancienne monarchie, s'il vous plaît, et il a très bien vu abattre la Bastille. — On me permettra de dire à ce sujet que ce fut là un grand vandalisme. On pouvait bien abattre la tyrannie, si tyrannie il y avait, sans renverser ces pauvres pierres qui n'en pouvaient mais. Convenez que ce magnifique château, bâti par Charles V, serait un beau monument à montrer aux étrangers. Il y aurait une belle ruine pour terminer les boulevards, qui représenterait, mieux que la colonne de Juillet, même ornée de son génie.

Les Anglais n'ont pas détruit la Tour de Londres en décapitant Charles Ier; nous seuls, parmi tous les peuples, nous sommes vengés de nos rancunes sur les objets inanimés.

Benjamin Antier appartenait à une bonne famille de Paris. Il tient beaucoup à son titre de Parisien ; il aime Paris par-dessus tout ; à peine l'a-t-il quitté pendant le cours de sa longue carrière, pour quelques excursions à la campagne ; mais de voyages, point. Il n'en a ni l'envie, ni le besoin ; les rues de Paris lui semblent plus pittoresques que les plus beaux paysages des Alpes ou des bords du Rhin.

Il avait donc, à l'époque où je l'ai connu, quarante-huit ans. Je me hâte d'ajouter qu'aujourdhui son esprit est aussi vif, aussi fin, aussi gai ; que sa physionomie a la même expression ; il n'a pas vieilli ; il s'est un peu courbé, un peu alourdi dans sa marche, voilà tout. Il peut encore veiller, causer, boire, rire, tout aussi bien qu'un homme de trente ans. Sa conversation a pris de l'expérience, sans rien perdre de son jugement et de sa jeunesse. Il a des tours d'expressions qui lui sont propres, et qu'on ne pourrait lui prendre, car, tout en se servant des mêmes mots, nul ne saurait les répéter comme lui.

Il y a en Benjamin Antier un peu du patriarche à cause de ses années, mais la Bible n'en offre pas de si jovial, d'aussi séduisant. Tous ceux qui le connaissent l'aiment; on ne se souvient qu'il est vieux que par la réflexion, quand il n'y est plus. Alors on ne demanderait pas mieux que de le vénérer, mais comment faire? Il plaît tout d'abord ; le respect viendra plus tard.

Il n'a jamais, je crois, été un joli garçon, et il n'a eu jamais non plus la prétention de l'être. Dieu lui a donné en revanche un de ces visages dont la grâce est, suivant l'expression de La Fontaine, plus belle encore que la beauté. Il lui a donné une santé de fer, une force remarquable : il doit faire l'épitaphe du genre humain, et le Ciel le conservera longtemps à ses amis.

Il n'était pas destiné à la carrière qu'il a embrassée. Son père était dans l'instruction et désirait qu'il le remplaçât, s'il ne suivait pas forcément une autre route. On ne faisait pas ce que l'on voulait en ce temps de grâce révolutionnaire; chaque citoyen se devait tant bien que mal à l'État; il fallait consulter l'intérêt de la République avant le sien propre — à ce qu'il paraît — quand il s'agissait de lui fournir des soldats du moins.

Le jeune Benjamin fut donc envoyé à l'École de marine, à quatorze ans. Il n'avait aucune vocation pour ce métier-là ; il fallait quitter Paris et aller bien loin courir les mers, voir bien des pays, et il n'est pas curieux, on le sait. Il fit beaucoup plus de niches à ses professeurs qu'il n'apprit à garder les navires. C'était un drôle de bambin, fort avancé pour son âge, ayant l'air émerillonné et le nez déjà ouvert comme un chien de bonne race.

A quinze ans, un ordre du premier consul le fit entrer, avec bien d'autres à Saint-Cyr, comme élève. Il raconte une foule de drôleries de son apprentissage militaire. Je le vois tous les ans avec un de ses vieux camarades de ce temps-là, M. Gillard, enfant de Mars, comme lui : ils se le rappellent ensemble. C'est curieux et amusant, je vous assure. M. Antier a une mémoire à nulle autre pareille, et il raconte comme il chante.

Une nouvelle combinaison fit tout changer. On les renvoya chez eux, ceux du moins qui n'avaient pas le feu sacré. Benjamin fut de ceux-là ; s'il fût resté, il eût été peut-être général, maréchal de France, qui sait, mais il n'eût pas été chansonnier, il n'eût pas fait de pièces, et nous y eussions trop perdu.

Il était rentré dans sa famille, et les premiers projets de son père furent rayés avec bonheur. Il fut mis à la tête de la maison, sous son père, et l'on décida qu'on le marierait.

Le marier à dix-neuf ans ! C'était de bonne heure ; il n'était certes pas mûr pour le mariage, d'autant plus que sa femme avait dix ans de plus que lui. C'était sa cousine germaine ; elle n'était pas une beauté, mais elle avait presque autant d'esprit que celui qu'elle devait épouser. Elle le connaissait bien, et se fit un thème dont elle n'a pas dévié jusqu'à sa mort. Elle se dit qu'il l'aimait bien, qu'il l'appréciait à sa valeur, sans amour pourtant ; ils se connaissaient trop. Un pareil homme ne devait pas être traité comme le premier venu. Il ne fallait pas l'ennuyer surtout, sous peine de ne le revoir jamais.

Elle se décida donc à prendre de bonne grâce le bonheur qu'on lui donnerait sans en réclamer davantage. Elle ne s'apercevrait jamais que de ce qu'on lui ferait voir, et si elle savait autre chose, elle n'en montrerait rien. Décidée à le suivre de l'œil dans sa carrière, à l'aider, à le soutenir, à lui épargner les chagrins et les folies de son âge, autant que cela lui serait possible. Elle bannit toute exigence, toute scène, toute épigramme, justement parce qu'elle aimait son mari avec une tendresse infinie. Elle s'imposa le dévouement de cette tendresse, se fit une vie de sacrifices, et son âme était assez grande pour que les sacrifices ne l'écrasassent pas.

Une fois ce plan tracé, elle n'en dévia pas une seule fois ; très fine et très adroite, elle sut être instruite des aventures de son mari, sans s'abaisser à l'espionnage. Elle ne laissait perdre ni un mot ni un regard ; elle assemblait les petites circonstances, et en formait un réseau, un fil conducteur qui la dirigeait vers la vérité. Alors tous ses soins se tournaient vers celui qui ne lui échappait que trop. S'il avait une liaison, elle en connaissait l'objet; elle écartait de son mieux les dangers de la position, et, sans paraître jamais, était partout.

Elle se fit, dans toute la force du mot, l'ange gardien de son mari. S'il était heureux, elle jouissait de ce bonheur, en refoulant, au fond de son cœur, les tristesses et les jalousies, bien naturelles pourtant. S'il souffrait, elle pansait sa plaie et n'avait pas même l'air de supposer qu'il en eût une. Elle savait trouver juste le mot qui le consolait; elle avait la mesure précise des soins et des attentions pour ne pas fatiguer, ni se rendre importune. Elle s'arrangeait, enfin, pour qu'il la regrettât quand elle le quittait.

Le jeune homme jouissait de sa pleine liberté; aussi n'en abusait-il pas. Il avait pour sa femme tous les égards possibles; excepté elle, nul dans leur entourage ne se doutait de ses fantaisies. Ils eurent quatre enfants qui tous vivent encore, qui tous ont été élevés à adorer leur père et n'ont jamais trouvé sous son toit qu'une union et une tranquillité constantes.

M. Antier avait seize ou dix-sept ans lorsqu'il fut enrôlé dans une troupe d'amateurs qui jouait la comédie, rue Meslay, je crois. On sortait de la Révolution, on respirait; lui sortait de l'école et il était avide de plaisirs. Tout jeune qu'il fût, il adorait les femmes et la société; il fut donc enchanté de cette occasion. Il n'était pas marié encore.

Là, venait aussi un jeune homme plus âgé que lui de trois ans, qui devait jouer un grand rôle dans sa vie et dans l'histoire de ce siècle. Il n'était ni beau, ni riche, mais il avait un prodigieux esprit et une bonhomie charmante. Benjamin et lui se convinrent sur-le-champ et se lièrent : ils l'ont été sans un jour d'orage, jusqu'à ce que la mort les séparât.

Cet homme, c'était Béranger.

Ils devinrent dès lors inséparables et quand je vous raconterai plus tard la vie du chansonnier, celle de M. Antier y retrouvera encore sa place ; je ne donne donc aujourd'hui que ce que je sais, en dehors de cette intimité, si longue et si unie.

Benjamin Antier avait trente ans, lorsqu'il aborda le théâtre. Ses facultés poétiques s'étaient développées de bonne heure ; il avait déjà fait beaucoup de vers remarquables et surtout des chansons que son illustre ami n'eût pas désavouées, je le lui ai entendu dire souvent. Ces chansons ont le tort de n'être pas assez connues. Tous ceux qui les ont entendues, s'étonnent de ce que l'auteur ne les ait pas fait imprimer ; chaque année il annonce qu'il le fera, et il ne saurait s'y décider ; je ne comprends pas pourquoi, car il ne peut douter du succès ; quelques-unes de ces chansons ont une véritable portée philosophique, d'autres sont marquées au coin d'une douce gaieté, et toujours une pensée de cœur vient se refléter parmi tout cela. Il y en a même d'un peu *légères*, où l'esprit et la délicatesse rendent tout possible et convenable ; ce sont de petits chefs-d'œuvre.

La manière de Benjamin Antier tient plus de Désaugiers que de Béranger lui-même, ou plutôt il y a des deux. Il ne s'occupa pas de politique, mais il est satyrique quelquefois, toujours doucement, toujours de bonne compagnie : le trait n'en porte pas moins.

En outre de ses chansons, ses poésies sérieuses ou badines ont un véritable mérite. Je citerai une pièce intitulée *les Cloches*, dédiée à Béranger, qui, sans jeu de mots, aurait un véritable retentissement si elle était connue. Une, adressée à un prince étranger, est pleine d'idées nobles et gracieuses, exprimées en beaux vers. Puis une épître délicieuse intitulée : *Une chambre à coucher*, où la grâce le dispute à la délicatesse du coloris, que sais-je ? Il y en aurait cinquante, cent, à remarquer. Nous les verrons bien au grand jour tôt ou tard, j'espère.

La première pièce de M. Antier fut jouée à la Porte-Saint-Martin, en 1808 ; elle s'appelait *l'Habit de cour*, Elle eut du succès, et la carrière lui fut ouverte comme s'ouvre cette carrière-là, quand on y réussit, c'est-à-dire à deux battants et avec éclat. La concurrence n'était pas si grande qu'aujourd'hui. On ne se poussait pas tant à la porte pour entrer ; par conséquent on se donnait moins de coups de poings. Il signa une grande partie de ses œuvres de son prénom de Benjamin, et il fut connu très longtemps sous ce nom-là seulement par beaucoup de spectateurs.

Frédérick Lemaître [1] était alors presque inconnu ; il doit à M. Antier plusieurs de ses premiers succès, entre autres : *le Cocher de fiacre*, *le Rêve et le Réveil*, à l'Ambigu ; *le Chasseur noir* et *Rochester*, à la Porte-Saint-Martin. Il l'a donc beaucoup connu, et il est curieux et intéressant de lui entendre raconter la jeunesse du grand acteur.

Frédérick a été marié ; il avait épousé Mlle ***, artiste dramatique également et sœur de Mme Boulanger, si longtemps applaudie à l'Opéra-Comique. Mme Lemaître débuta par craindre son mari, et finit par l'aimer passionnément. Je ne sais qui m'a répété une anecdote de la *première manière* de ce ménage, qui confirme la nuance de ce sentiment. Ils jouaient ensemble je ne sais plus quel mélodrame à grand

1. Frédéric Lemaître était un des auteurs de *Robert Macaire*, avec MM. Antier et Amand Lacoste. Il créa le rôle célèbre de cette pièce, aux Folies-Dramatiques, en 1834, et il alla le jouer plus tard à Londres (1845).

spectacle ; Frédérick la prenait sur ses bras et gravissait en la portant ainsi jusque dans les frises ; ils étaient censés disparaître ensemble sur une montagne élevée. Chaque fois qu'ils arrivaient au sommet, il la serrait plus vivement dans ses bras en lui disant :

— Embrassez-moi !...

Elle s'y refusait, non par aversion, bien au contraire, mais par vertu : elle était fort honnête.

— Embrassez-moi, répétait-il, ou je vous laisse tomber...

Il la tenait ainsi suspendue au-dessus d'un véritable abîme ; elle avait peur, se cramponnait à son cou et l'embrassait. Chaque soir, se renouvelait la même scène.

— En vérité, disait une femme de beaucoup d'esprit, devant qui on répétait l'histoire, à sa place, ma foi, je l'aurais embrassé, dès le bas de la montagne, puisqu'elle était sûre de finir par là ; je me serais au moins évité la frayeur.

Un des drames de M. Antier qui fit le plus d'effet au boulevard, ce fut *l'Incendiaire*, où Bocage et Mme Dorval étaient admirables. Bocage jouait le rôle d'un curé de campagne ; il y avait entre eux deux une scène de confession, dont je ne saurais vous rendre la puissance et l'émotion ; on pleurait et on frémissait. C'était en 1831 ; après avoir été jouée un grand nombre de fois, la pièce fut défendue ; le clergé s'était plaint du personnage d'un évêque, véritable scélérat que les vertus du curé de campagne ne sauvèrent pas de la censure. Il fallait lui ôter son caractère sacré et n'en faire qu'un dévôt laïque ; la pièce fut vendue et alla aux nues plus que jamais, ainsi qu'il en est toujours du fruit défendu. Que de choses et de gens en ce monde n'ont pas d'autres mérites que celui-là !

Il n'en était pas de même de ce drame, qui avait vraiment du mérite ; il est dommage qu'on ne le reprenne pas ; nous n'avons plus les mêmes acteurs, Bocage et Dorval n'existent plus, malheureusement.

M. Antier donna au Palais-Royal, et seul, un des

plus jolis vaudevilles qu'on ait joués à ce théâtre, *les Beignets à la cour*. Mlle Déjazet était adorable en Louis XV. Cet esprit charmant de la comédienne comprenait et rendait celui de l'auteur; elle fut un Louis XV accompli, tel que l'avait conçu l'écrivain. Elle eut pour partenaire une jeune fille, morte depuis, qui lui donna malicieusement la réplique en Mlle d'Humières; c'était Mlle Emma. Elles jouèrent surtout la scène capitale de l'ouvrage, très croustilleuse, je l'avoue, d'une manière magistrale. C'était une répétition de comédie et de ballet, dont les accessoires étaient un long ruban bleu, déroulé sur le théâtre et figurant une rivière, plus une cage et un serin.

Le roi était un berger, la demoiselle une bergère; l'un tenait la cage et l'autre la colombe; le berger ne devait pas passer le ruisseau, la bergère devait l'y amener tout en ayant l'air de le lui défendre. Je ne vous dirai jamais assez ce que ce petit tableau avait de jeunesse, de fraîcheur et de bon goût, malgré la situation. Déjazet ne fut jamais plus digne d'elle-même et quoi qu'elle en dise, elle pourrait tout aussi bien refaire ces beignets-là aujourd'hui que d'aller à l'école sous la figure du prince de Conti.

Une autre pièce de M. Antier est restée dans toutes les mémoires : c'est *Pierre Lerouge*. J'étais à la première représentation, qui fut marquée par un incident. Au moment où Pierre jette des papiers dans la cheminée allumée, un de ces papiers s'enflamma et s'envola ainsi. La terreur se mit alors dans l'assemblée, tout le monde se leva et se précipita en même temps pour sortir et faillit s'étouffer aux portes. Les acteurs s'évertuaient à faire des annonces et à répéter que la panique était sans objet; rien n'y fit, les poltrons ne retournaient même pas la tête. Ceci porta tort à cette première représentation; mais, le lendemain, il n'y parut plus.

Le Vaudeville était alors dans son ancienne salle,

à la place, à peu près, où est aujourd'hui l'hôtel des Trois-Empereurs, à la porte du Palais-Royal. Cette salle était une vraie grange; elle aurait pris feu comme des allumettes. On y vit pourtant de grands succès; c'était le beau temps de Mme Albert, d'Arnal, qui y créa toutes ces drôleries où il excellait. Mme Doche, alors Mlle Fleury, ne fut jamais plus jolie. Elle avait des cheveux de chérubin et un teint de nacre doré. Ce fut des beautés la plus incontestable, et cela est si vrai, que lorsqu'elle relevait ses boucles et adoptait les bandeaux, elle n'était plus la même. Elle avait alors trouvé sa véritable voie dans ces personnages d'ingénuité et de comédie. Elle y était excellente, bien meilleure que dans tout ce qu'elle a abordé depuis. Elle avait déjà cette élégance et cette distinction, qui n'ont fait qu'augmenter avec le temps.

C'est encore dans cette salle que Suzanne Brohan obtint les plus grands triomphes; ceci nous ramène tout naturellement à *Pierre Lerouge*. Nous y revenons.

CHAPITRE XVII

Suzanne Brohan. — Lafont. — Le flanc! — *M. et Mme Galochard.* Arnal. — *Robert Macaire.* — *L'Auberge des Adrets.* — Frédérick Lemaître. — Serres. — Perrin. — Répétition de *Robert Macaire.* — Une cabriole. — Effet de la pièce. — *La lanterne sourde.* — Désaugiers. — La seconde Mme Antier. — Mlle Rose Couvert. — Un Greuze. — Une ménagerie. — Dîners intimes. — Le Mont-de-Piété. — M. Dieu. — M. Gateau — M. Marchal. — Une chanson. — La rose du mont Cenis. — La Grisi et Norine. — *Don Juan d'Autriche.* — Firmin. — Léontine Fay. — Anaïs. — Casimir Delavigne. — Alfred de Vigny. *Servitude et Grandeur militaire.* — Mme Dorval. — Les couronnes. — Le duc et la duchesse d'Otrante. — Les opales. — Un frère comme il y en a peu.

Suzanne Brohan et Lafont jouaient cette jolie comédie en artistes consommés. Au premier acte, ils sont paysans et l'on devine ce qu'ils doivent devenir, leur caractère à tous les deux. A la fin de cet acte, une circonstance les transforme : Suzanne va partir pour Paris, elle passe grande dame comme les généraux passaient rois. Elle avait une façon de jeter en l'air ses petits sabots qui eût suffi pour sa réputation, si elle n'avait pas eu tant de titres à l'obtenir.

Lafont était aussi supérieur qu'elle; il avait même observé la nuance des bonnes manières d'un parvenu avec celles d'un homme élevé pour la position qu'il occupe; il mettait la sourdine à sa distinction. Il était alors franchement canaille, — qu'on me passe le mot, — quand il le fallait. Ainsi, dans Joseph Marteau, d'*André*, n'y eut-il jamais un honnête chenapan plus réel que celui-là? Cette pièce, tirée du roman ravissant de George Sand, était une de celles où cet excellent acteur et Suzanne s'entendaient le mieux. Ils chantaient ensemble une certaine ronde, qui aurait fait danser des morts :

Oui, j'aime et j'adore le flanc,
Je le préfère aux tartelettes.

Suzanne fut aussi plusieurs fois charmante avec Arnal. Ceux qui les ont vus ensemble dans *Un Monsieur et une Dame*, ou dans *M. et Mme Galochard*, ne sauraient les oublier. Cette dernière drôlerie était à mourir de rire. Suzanne avait une façon inimitable de dire à son mari : « J'aurai des robes à queues, brodées d'or, Monsieur. »

Peut-être, est-ce parce que je vieillis, pourtant je ne le crois pas, — je crois, et je sais bien que je vieillis, pas d'amphibologie, — mais je ne retrouve plus, dans le répertoire moderne, rien de pareil à ces plaisanteries d'alors, depuis *l'Ours et le Pacha* jusqu'aux *Saltimbanques*, qui furent le commencement de la décadence. On ne rit plus de même. Il faut à la génération présente, pour la dérider, des *Orphée* et des *Belle Hélène*. J'avoue mon incapacité en ce genre ; au lieu de rire, je ne ressens que de l'ennui et du dégoût. Il est vrai que je ne suis pas de ce temps.

De tous les ouvrages de M. Antier, celui qui a fait le plus de bruit est *Robert Macaire*, précédé de *l'Auberge des Adrets*. Il a mis là un type immortel : la vraie personnification d'une classe d'individus qui se transforme un peu aujourd'hui, par la force des choses, mais qui n'en reste pas moins ce qu'elle était. On a prétendu que *l'Auberge des Adrets* avait été jouée en charge à l'insu de l'auteur ; que Frédéric et Serres, à la première représentation, au lieu de prendre au sérieux les meurtriers du bon M. Germeuil, qui avait de si beaux bas bleus, en avaient fait par une convention, entendue entre eux seulement, les farceurs que vous savez. Ceci est complètement faux. Benjamin Antier n'est pas un auteur qu'on berne, et, pour qui le connaît d'ailleurs, ceci ressemble tout à fait à la couleur de son esprit.

L'*Auberge des Adrets* est une des choses les plus drôles et les plus amusantes que je connaisse. *Robert Macaire* a une bien autre portée morale, mais c'est moins divertissant. Serres était le plus excellent Bertrand qui fut au monde ; après lui, Perrin l'a joué bien aussi, mais rien n'égalait Serres et sa scélératesse bête ; cette figure était à peindre.

Frédérick s'incarna dans le personnage de Robert Macaire et s'y incarna si bien qu'il ne put en sortir, et que même dans ses créations les plus magnifiques, à un moment donné, on croit qu'il va vous dire :

— Bertrand, vous faites de la peine à papa.

Involontairement, il a toujours, une fois par soirée, un geste, une intonation, un regard à la Macaire. Il a, malgré lui, cet air de se moquer des gens, qui distingue le cynique scélérat. Voilà pourquoi *César de Bazan* est son meilleur rôle. Il put y être, suivant sa volonté et tout à son aise, alternativement gueux et grand seigneur.

J'étais à la répétition et à la première représentation de *Robert Macaire*, que l'on joua au petit théâtre des Folies-Dramatiques. La pièce produisit un effet étrange. Tout ce qui était lettré, tout ce qui tenait au monde des affaires, en reconnut la vérité ou le mérite et la porta aux nues. Elle n'amusa pas beaucoup les titis et les habitués du lieu : le côté d'observation n'avait pour eux aucun relief ; en même temps, elle déplut aux gens de la société proprement dits ; ils la proclamèrent une ordure, les femmes surtout ne la goûtèrent pas ; elles ne la comprirent point, et les côtés orduriers les repoussèrent. Elles avaient l'habitude d'autres types, et leur délicatesse s'en offensa.

Frédérick y contribua peut-être un peu par son naturel; il allait jusqu'au sans-gène. A la répétition générale, lorsqu'il parut dans la scène du rêve, couché sur son lit de sangle, il était littéralement en chemise et, lorsqu'il exécuta ses cabrioles, les personnes placées près de la scène, aux premières, purent être fort éclairées sur les mystères qu'il ne cachait pas. A la représentation, on obtint de lui à grand peine qu'il mettrait une robe de chambre. Cela *régularisa* un peu sa promenade et son monologue avec son bougeoir.

Depuis, on a défendu les deux drames. A la rigueur, les Robert Macaire qui approchent les puissants peuvent se plaindre d'avoir été si bien peints dans la seconde; mais dans la première, qui peut se trouver offensé? On dit que c'est à cause des gendarmes. Ils sont si bons enfants dans ce corps-là, qu'ils ne s'en fâcheraient pas, j'en suis sûre.

Benjamin Antier a fait, avec Désaugiers, une sorte de pièce intitulée *la Lanterne sourde;* on juge s'ils y mirent de jolis couplets! Il est rare d'en trouver de semblables. Ils seraient moins goûtés aujourd'hui, à cause des allusions qu'ils renferment, qui ne sont plus de notre temps. Depuis, il a fait bien d'autres ouvrages, en collaboration ou seul; le dernier a été *le Masque de poix*, en collaboration avec M. Mocquard. De 1818 à 1858, c'est-à-dire en quarante années, il a fait cent trente pièces, et presque toutes ont eu du succès.

La spirituelle et bonne Mme Antier, que j'ai dépeinte, est morte en 1845. Son mari resta veuf pendant quelques années, et quitta alors un appartement qu'ils avaient occupé ensemble pendant bien des années, rue de Lancry, 6. C'était un rez-de-chaussée, tout à fait original, situé au fond d'une vaste cour et donnant de l'autre côté sur un petit jardin, tout étranglé, en triangle, et fermé entre des murs.

Benjamin s'était inventé là un cabinet de travail qui n'avait pas son pareil. Le jour venait par une fenêtre en forme de meurtrière, tout entourée extérieurement de vignes folles et de clématites qui se jouaient sur le vitrail de couleur. Il avait fait faire des bibliothèques gothiques en acajou très foncé, ayant la forme d'ogives et des petits saints peints dans les intervalles. Au premier coup d'œil, on ne se rendait pas bien compte de ce que c'était et cela frappait beaucoup. Il avait là tous ses livres et une foule de manuscrits, car il en possède au moins vingt ou trente, qui n'ont pas vu le feu de la rampe et qu'il ne présente pas par insouciance.

Il a beaucoup de Lafontaine par ce côté-là, et par d'autres; il se laisse vivre sans trop se préoccuper du pourquoi. Il s'en va, rêvant, chantant, regardant les étoiles ou le soleil, selon l'heure, s'arrêtant pour cueillir une fleur qu'il rencontre sur sa route, en savourant le parfum et ne se demandant pas pourquoi elle y est venue. Il sème son esprit et n'y prend pas garde, mais il jouit prodigieusement de celui des autres; il le savoure et n'a jamais su ce que c'était que l'envie. Il est vrai aussi qu'il n'a rien à envier. Parmi ses ouvrages laissés dans l'armoire, il en est plusieurs qui feraient la fortune des théâtres et des acteurs. Voudra-t-il bien leur faire voir le jour?

Benjamin Antier est né sous une heureuse étoile; il a raison d'être joyeux et de conserver cette sérénité d'esprit, une de ses plus grandes séductions. Il a perdu une femme modèle, juste au moment où il avait besoin de retrouver un intérieur. Dieu lui en a rendu une autre. Il a rencontré dans une maison amie, une jeune personne, une Savoisienne, Mlle Rose Couvert. Elle était jeune, très jeune, lui ne l'était plus; elle était jolie, une de ces têtes de Greuze dont la douceur et la pureté ont tant de charme; la coupe de visage et tous les traits sont ravissants. L'expression de sa physionomie révèle une âme chaleureuse et dévouée. Elle comprit tout de suite la valeur de l'homme qui lui faisait la cour et qui eût été plus que son père. Elle le vit seul, car ses enfants ont tous leur existence qu'ils ne peuvent quitter; elle se dit d'abord qu'il y avait là une grande œuvre à faire, et puis, sans s'en apercevoir, sans s'en rendre compte, il se trouva qu'elle l'aimait d'un amour vrai, tendre, ardent même. Elle ne comptait plus ses années; elle ne voyait que son esprit et ses qualités aimantes.

Ils se marièrent en 1850. Béranger fut, bien entendu, le témoin de cet hyménée, que tous les amis de M. Antier fêtaient. Depuis lors le bonheur, l'ordre, le repos sont entrés dans la maison avec cette jeune femme. Elle est tout pour son mari; elle a pour lui tous les sentiments, même celui d'une mère. Elle le soigna, elle le dorlota, elle lui fit une vie ouatée pour sa santé et pour son cœur. Bonne, pieuse, elle trouve le temps de tout surveiller, de tout faire chez elle, de prier et de soulager ceux qui souffrent. Elle a compris les exigences d'un passé tel que celui de son mari; elle le laisse aller où il veut; il a une habitude de quarante ans de visiter chaque soir plusieurs théâtres, de causer, de chercher les nouvelles; elle n'a jamais songé à l'en empêcher; elle le fait libre, comme sa première femme, et n'a d'autre souci que de le préserver des rhumes et des refroidissements.

Elle a su rendre sa maison un centre d'intimes réunions autour de cet homme que tout le monde aime, je vous l'ai dit. Cela se passe sans frais, sans cérémonie, juste ce qu'il faut. On dîne, on rit, on jase, on chante autour d'une petite table; on est cinq ou six au plus, mais ces cinq ou six se connaissent depuis longues années et sont heureux de se retrouver. Est-il rien de plus doux?

Benjamin Antier obtint, en 1830, une place au mont-de-piété de Paris. Depuis lors, il est monté en grade et il est maintenant un des principaux chefs de cette administration, qui, sans qu'on s'en doute, renferme des gens fort distingués.

Le directeur d'abord, M. Dieu, qui est très connu par son esprit.

Le secrétaire général, M. Gateau, un de ces hommes qui savent avoir la bonté intelligente et l'esprit bienveillant, deux choses rares.

M. Marchal, un bon vivant, un joyeux chansonnier.

Et bien d'autres !

Ils se réunissent chaque année dans un dîner, où il se dépense autant d'esprit qu'au Caveau et plus qu'à l'Académie. Il n'y a que Paris pour ces réunions-là.

Parmi les chansons de M. Antier, j'en voudrais choisir une composée pour l'anniversaire de la naissance de sa femme. Par un bizarre effet de la destinée, ils sont nés le même jour, le 31 mars, à la même heure, mais à bien des années de distance. Je ne crois pas qu'on puisse chanter cette coïncidence d'une manière plus touchante et mieux sentie.

Je l'ai dit, en commençant à parler de Benjamin Antier, il est bien des particularités qui le concernent et qui seront reprises lorsqu'il sera question de Béranger. Je suis heureuse de rendre à mon vieil ami la justice éclatante qu'il mérite, de dire combien il est recherché et chéri de tous, combien dans son administration il a l'estime et la vénération de chacun. Il doit vivre plus de cent ans, avec la santé et la force qu'il possède.

La princesse Masjalsky continua cet hiver-là ses réceptions. Nous nous y retrouvions, les mêmes personnes, et bien d'autres encore. Nous allions beaucoup et partout. Il y eut plusieurs nouveautés remarquables aux théâtres.

La Grisi créa *Norma*, l'on sait avec quel talent et quel succès ! Qu'elle était belle ! on ne saurait trop le dire : cette beauté n'avait qu'un seul défaut, très frappant et très désagréable, quand on la voyait pour la première fois; après, on s'y faisait et on n'y pensait plus. Ses jambes étaient trop courtes; on l'aurait crue à genoux. A cela près, c'était irréprochable.

La Comédie-Française donna *Don Juan d'Autriche*, de Casimir Delavigne; ce fut un grand succès, en dépit des critiques. Firmin fut charmant et Léontine Fay magnifiquement belle. Il me semble que c'est sa dernière création en France, et qu'elle nous quitta bientôt après pour la Russie. Le drame de *Don Juan* est plein d'intérêt, bien que son auteur fût repoussé et par les classiques et par les romantiques; il tenait en même temps des deux écoles; c'est peut-être pour cela : les extrêmes haïssent les justes milieux. Le rôle de Peblo n'a jamais été joué comme par Mlle Anaïs. On n'est pas plus fine, plus spirituelle, plus mutine ; on n'est pas plus enfant gâté et quand on pense à l'âge de cette délicieuse femme, elle eût dû mettre de la coquetterie à le publier.

C'est aussi en cette année que parut un livre d'Alfred de Vigny, le dernier qu'il ait écrit en prose : *Servitude et Grandeur militaire*. C'est une belle chose que ce livre. Le talent d'Alfred de Vigny a été trop sobre, il a trop peu produit. Je préfère du reste sa prose à ses vers. Il était à cette époque, disait la chronique, fort épris de Mme Dorval. La grande artiste parlait puissamment à l'organisation poétique du comte. Cependant rien en lui n'annonçait un homme passionné ; il n'est pas d'apparence plus froide que celle de ce parfait gentilhomme; on n'eût jamais pu supposer qu'il se laissât entraîner par une passion.

Mme Dorval, si passionnée au contraire, s'exaltait beaucoup même hors du théâtre. Elle voyageait dans le Midi, où elle recueillait des charges de bouquets et de couronnes. Elle mettait tout cela dans des caisses et les adressait à l'auteur de *Chatterton*, à qui elle devait un si beau triomphe. C'était une femme excellente que Mme Dorval, pleine de cœur et de dévouement.

Cette année aussi eut lieu un événement fort scandaleux et qui fit grand bruit. Mlle de Sussy, sœur de mon ami Honoré, et fille de la spirituelle comtesse dont j'ai parlé, avait épousé le duc d'Otrante. Elle était jolie comme un ange, petite, un peu grasse peut-être, mais une vraie beauté. Lui, au contraire, était presque repoussant. Il ressemblait en laid à M. son père, qui n'a jamais été pris pour l'Apollon du Belvédère, et de plus, il était presque albinos. Je dois ajouter qu'il avait beaucoup d'esprit, et qu'il passait pour un homme très aimable quand il prenait la peine de l'être.

Il l'était peu pour cette charmante femme, et il en vint à préférer ostensiblement des créatures de toutes sortes ; elle était loin d'être heureuse. Parmi les superbes joyaux qu'elle avait reçus en mariage, on remarquait beaucoup une parure d'opales entourée de brillants, la plus belle, assurait-on, qu'il y eût à Paris. Un matin, il entra chez la duchesse, au moment où on remettait cette parure dans l'écrin ; il l'examina et se récria sur ce qu'elle était mal montée et dit qu'il voulait lui faire la gracieuseté de lui offrir une autre monture. La duchesse, toute joyeuse de tant d'amabilité, accepta. Moins d'un mois après, il partait pour Guernesey, je crois. La jeune femme retourna chez Mme sa mère avec qui elle a toujours vécu depuis. Son frère et elle s'aimaient avec une tendresse qui reposait le cœur, froissé de l'aspect de tant d'Atrides au petit pied. C'était un homme d'honneur, dans toute la force du mot, que le comte Honoré de Sussy. Il se plaça près de cette jeune abandonnée comme un protecteur que Dieu lui rendait, à défaut de l'autre, et rien ne put le faire dévier de cette route. Il sacrifiait tout à sa sœur ; les parties de plaisir les plus séduisantes, ses amours même cédaient devant le devoir qu'il s'était imposé. Elle a dû être cruellement malheureuse quand elle l'a perdu.

CHAPITRE XVIII

La princesse de Talleyrand. — Scribe à l'Académie. — *Jocelyn.* — M. de Lamartine. — Nina Lassave, Mme Mansion. — Duel d'Armand Carrel et d'Emile de Girardin. — Le prince Napoléon à Strasbourg. — *La Presse.* — *Le Siècle.* — Mort de Mme Malibran. — Comment elle apprit à chanter. — *Othello* et Mme Schrœder-Devrient. — Son premier mariage. — Le second. — M. de Bériot. — Différents rôles. — La *romance du saule.* — *Rosine.* — La vie usée par tous les côtés. — Quand elle entrait en scène. — Le festival de Manchester. — Les plus grands artistes du monde. — Ce qui se passa. — La perfection. — Les trois femmes de ce siècle dans l'art. — Mort de Charles X. — *Les Huguenots.* — Meyerbeer. — Nourrit, Falcon, Le Vasseur. — Le *pif, paf, pouf.* — Le duo. — Le duo de *l'Africaine.*

Il mourut cette année une femme dont la destinée fut fort étrange, la princesse de Talleyrand, la femme de l'évêque d'Autun, du célèbre diplomate. Tout le monde sait comment il l'épousa, sous l'Empire, pour bien prouver qu'il avait jeté la mitre et la crosse par-dessus les ponts. Elle s'appelait en premières noces Mme Grand ; elle était d'une beauté aussi remarquable que sa bêtise et son ignorance. Tous les anas sont pleins de traits de sa façon, dont l'amour-propre du prince dut terriblement souffrir.

Il s'en lassa et se sépara d'elle, tout en lui laissant son titre et son nom qu'il ne pouvait pas lui enlever, ni une pension suffisante pour la soutenir. Elle ne voyait pourtant qu'un monde assez mêlé. Je suis allée à un de ses bals, par l'envie que j'avais de la voir, et j'y ai trouvé peu de gens connus. Elle n'avait plus rien de sa grande beauté, mais le reste était intact, augmenté, peut-être. Elle avait la réputation d'être une bonne créature et de faire le plus de bien qu'elle pouvait.

Scribe fut reçu à l'Académie française aux applaudissements du public. Il n'était pas encore de mode de l'*éreinter;* on y essayait bien un peu, mais on ne trouvait pas d'écho. Il était fort à la mode ; les salons le portaient aux nues ; il défrayait les théâtres de châteaux, et on le jouait dans l'univers entier. J'aurai beaucoup à parler de lui, au moment où je l'ai particulièrement connu. M. Guizot fut presque en même temps admis parmi les quarante.

A ce moment, M. de Lamartine publiait *Jocelyn*, le cher et grand poète ! Quel effet produisit ce *pianto* et comme on en pleura ! Ah ! que n'a-t-il continué à suivre cette voie ? Je ne cesserai de le répéter : Pourquoi les poètes s'obstinent-ils à ployer leurs ailes, à redescendre sur la terre ? Elle n'est pas faite pour eux ; ils la regardent de trop haut et ne la connaissent pas ; ils y prennent toujours la mauvaise route. Ce qu'ils croient des gazons émaillés ne sont que des épines recouvertes de fleurs.

Il y eut une exhibition digne de ce temps d'argent ; un cafetier établit dans son comptoir cette Nina Lassave, cette horrible fille borgne, la maîtresse de Fieschi, et on alla la voir ! Paris accepte ces choses-là. On avait vu jadis, de la même manière, dans une autre maison, la fameuse Mme Mansion, du procès Fualdès. Comment une femme qui a quelque délicatesse consent-elle à se montrer ainsi au public, et sous le poids d'une aussi triste célébrité ? Je ne le comprends pas, et je ne comprends guère plus la curiosité qu'inspirent de tels phénomènes.

Cette année fut très féconde en événements politiques remarquables. D'abord, le duel d'Armand Carrel et d'Emile de Girardin. Que n'a-t-on pas dit à cet égard ? Peut-être serai-je à même de donner plus tard des détails inédits. Ce que je sais et dont je me rappelle, c'est l'effet produit par cette mort et tout ce qu'elle fit dire. Armand Carrel avait l'estime de tous les partis ; il était véritablement républicain à la manière de Brutus et de Caton ; il avait les idées et les vertus antiques. Les légitimistes avaient pour lui un sentiment qu'il leur rendait bien. Il avait la conviction et il entendait qu'ils eussent la leur ; il comprenait surtout le dévouement, lui, tout prêt à se dévouer à son principe.

On en voulut à M. de Girardin ; on s'en prit à lui, de sa chance, et ce fut le grand tort ; l'esprit de parti est tellement aveugle, qu'il fait tout voir sous un jour faux, et que les esprits les plus sains se laissent entraîner à l'injustice.

Bientôt, les idées prennent une autre direction ; le prince Napoléon Bonaparte, celui qui devait être un jour Napoléon III, fit sa tentative sur Strasbourg. On sait quelle en fut la suite. Qui eût dit, alors, que cette tentative n'était qu'une première étape et qu'il arriverait au but ! Il y a des étoiles merveilleuses, des prédestinations inouïes. Cela ferait croire à la fatalité. Il semble que certains êtres soient marqués dès leur naissance pour un avenir exceptionnel. Dieu leur donne les facultés nécessaires au rôle qu'il leur destine et, quelle que soit l'opinion qu'on professe, on ne peut refuser à l'empereur Napoléon le génie de la place qu'il occupe, et une intelligence des plus supérieures. Ceux qui ne s'arrêtent pas au prestige de la gloire pourraient le trouver plus grand que son oncle. Ce qui me paraît sûr, au moins, c'est que son oncle n'eût pas été, comme lui, l'homme de la situation.

Une de ses grandes puissances est l'immobilité de la physionomie. Nul ne peut lire dans son regard que ce qu'il lui permet d'exprimer. Je n'ai jamais connu à personne cet immense pouvoir de domination sur soi-même. De là, vient celle qu'il exerçait sur les autres ; c'est une conséquence forcée.

Il fut aidé dans son entreprise par des amis dévoués ; aujourd'hui, sa fortune et sa vie se reflètent sur eux, comme jadis ils avaient partagé ses épreuves. Il est reconnaissant, qualité très rare partout et presque introuvable chez les princes.

Je ne puis m'empêcher d'exprimer ma pensée sur le souverain qui tiendra une si grande place dans l'histoire de ce siècle. J'espère qu'on ne me la reprochera pas ; elle n'est pas suspecte, du moins, je me suis assez expliquée sur les opinions que je professe et que j'ai acceptées comme l'héritage de mes parents.

C'est encore cette même année, que M. de Girardin fonda *la Presse* et que M. Dutacq fonda *le Siècle*. Les journaux à quarante francs l'emportèrent bientôt sur les autres, qui en coûtaient quatre-vingts. Ceux-ci n'avaient pas les annonces régulières, que nous voyons aujourd'hui à la quatrième page, et qui furent le fondement de la prospérité future des nouvelles feuilles. Le roman feuilleton naquit en même temps. Les auteurs se sont succédé, en acceptant ce nouveau mode de publicité. Ils ont cru s'ouvrir un nouveau débouché, et ils ont tué leur avenir en tuant les cabinets de lecture et les éditeurs. Ce n'est pas ici le lieu de discuter cette question ; elle n'en est pas moins vivante et palpitante pour ceux dont elle froisse les intérêts.

Hélas ! cette même année vit mourir une femme que l'on ne saurait trop regretter, la reine du chant et de l'art dramatique, dont le nom seul est un éloge et qui fait encore battre le cœur de tous ceux qui l'ont connue ; son souvenir est vivace chez eux, car personne n'a pu la faire oublier.

Marie Malibran s'éteignit à vingt-neuf ans !...

Quelle vie et quelle mort ! Elle était belle, non pas par la régularité des traits, mais par la suavité de son visage, par l'expression de sa physionomie. Ses grands yeux noirs étaient la poésie même ; sa figure, longue et distinguée, avait d'admirables proportions ; sa taille était souple et flexible, c'était un vrai roseau. Rien ne peut rendre ce talent : c'était du génie. Jamais le chant des Syrènes n'atteignit à cette perfection. Sa voix était admirable ; cependant, on a pu en retrouver de semblables. Ce qui ne se retrouvera plus, c'est l'âme que Dieu avait incarnée dans ce faible corps.

Quand la Malibran chantait un rôle, elle n'était plus elle-même, elle était le personnage qu'elle représentait. Elle s'identifiait avec les sentiments et la position, à un tel point, qu'elle en ressentait véritablement les impressions. Ainsi, elle se répétait rarement ; elle suivait l'inspiration présente, sans se préoccuper de ce qu'elle avait fait la veille.

On l'a vue une fois, où elle s'était imaginé de jouer *Othello*, tandis que Mme Schrœder-Devrient, une grande et forte Allemande, femme de talent assurément, jouait *Desdémone*. Au dénouement, lorsque le More étouffe sa victime, il était évident pour les spectateurs que sa femme eût été capable de l'étouffer : elle l'eût assommée d'un coup de poing. Malibran se poignarda ensuite comme de raison. Elle se crut bien morte, et s'en alla tomber sur le devant de la scène. Elle prit mal ses mesures et se trouva juste sous la toile. Aussitôt, la salle entière se leva effrayée, et poussa des cris. Malibran se réveilla à ce bruit inaccoutumé et se releva à moitié, et le rideau tomba derrière elle. *Othello* restait assis, tout étourdi de l'aventure, regardant autour de lui et ne se rendant pas précisément compte de ce qui arrivait. Il revenait de l'autre monde, où il s'en était allé tout droit, après avoir assassiné sa femme innocente.

Mme Malibran était la fille de Garcia, le fameux chanteur ; il voulut lui passer son talent et la força à apprendre ; elle s'y refusait absolument. Il la battait et il la privait de nourriture, elle résistait encore ; enfin, un jour, la lumière se fit : elle comprit, elle se révéla à elle-même et aux autres. Garcia dut être fier de son ouvrage.

Elle épousa, à seize ans, M. Malibran, un Américain fort riche, malgré elle. Mais elle ne l'aima pas ; il ne la rendit pas heureuse. Il perdit sa fortune, et elle en profita pour rester au théâtre. Ce fut sa seule consolation. Quelques années après, elle connut et elle aima M. de Bériot, le célèbre violoniste ; il était beau et distingué au possible, et il avait un de ces talents qui sont par eux seuls une séduction. Il chantait avec une âme et une méthode que l'on ne rencontre pas souvent parmi les grands instrumentistes.

Mme Malibran fit alors ce que son malheur même n'avait pu la décider à faire : elle divorça et elle épousa Bériot, sans quitter le nom sous lequel elle était connue. Elle eut un fils de M. Bériot, un fils devenu digne d'elle et de lui. Je l'ai rencontré deux ou trois fois chez Dumas ; il était à merveille, excellent pianiste, plein d'intelligence et de cœur. Il se voua à son père aveugle et lui donna les soins les plus touchants. Hélas ! hier, j'ai lu sa mort dans un journal ; il avait à peine trente ans, comme sa mère.

Mme Malibran a tenu les rôles les plus distingués du répertoire italien. Il fallait la voir dans *Desdémone* et lui entendre chanter la *romance du Saule*. Tous les yeux se mouillaient, pour le moins qu'on eût un peu de cœur. Et comme elle était belle, comme cette tête admirable penchée sur cette lyre était touchante ! Et *Tancredi*, et *Arsace* de *Semiramide*, et *Ninetta* de *la Gazza ladra*, et *Il Barbiere di Siviglia !* Elle était aussi séduisante et spirituelle Rosine que magnifique tragédienne.

Les émotions du théâtre ne lui suffisaient pas ; elle usait sa vie par tous les côtés. Elle montait à cheval tous les jours, pendant plusieurs heures, et galopait avec un enivrement que rien ne peut rendre. Son exaltation se répandait sur toutes choses ; elle poussait tout à l'excès, les sentiments surtout. Son caractére était d'une tendresse et d'un dévouement aussi grands que son âme était passionnée. Quelle organisation splendide, et combien il est rare d'en trouver de semblables !

Elle souffrait presque perpétuellement ; elle arrivait au théâtre, ayant à peine la force de se soutenir ; on se disait, en la voyant, qu'elle ne pourrait pas chanter. Elle s'habillait vivement, la fièvre la prenait ; elle se montait peu à peu ; elle entrait en scène en possession de toutes ses forces et n'était jamais plus sublime. Lorsqu'elle avait achevé sa tâche, elle tombait anéantie, il fallait l'emporter ; elle perdait connaissance, on eût cru qu'elle allait mourir.

Malibran était en Angleterre, engagée à Covent-Garden, avec l'élite des artistes de l'Europe. Il y eut à Manchester un festival monstre pour une œuvre de charité ; La Blache, Taglioni et bien d'autres étaient engagés comme elle ; c'était une réunion introuvable, et elle n'y eût pas manqué. Elle y arriva déjà malade, presque épuisée ; elle voulut chanter, néanmoins ; le soir même, elle tomba malade et ne se releva plus...

Je tiens ces détails singuliers, mais positifs, d'un témoin oculaire et parfaitement digne de foi.

La mort de la Malibran fut une perte immense pour l'art. Nous avons eu, depuis elle, des cantatrices de talent ; jamais, jamais aucune n'a eu ce génie, cette passion, ce diable au corps, suivant l'expression de Voltaire. Je ne pense pas qu'on ait entendu rien de plus parfait que les duos chantés par Mme Malibran et Mlle Sontag, dans *Sémiramis*, dans *Tancrède* et autres opéras.

Je l'ai déjà dit, je crois, il y a eu, dans ce siècle-ci, trois femmes d'une supériorité incontestable, chacune dans une branche de l'art dramatique : Mlle Mars, Mme Malibran, Mlle Taglioni ; nulle ne les a égalées, et je n'espère pas qu'on les remplace de longtemps; jamais, peut-être, Mlle Mars surtout; quant à elle, c'est impossible. Pour former une Célimène de cette élégance, de cette distinction, il faut des traditions et des modèles. Or, il n'y a plus de grandes dames; où trouverait-on des exemples à imiter? On n'improvise pas une femme telle que celle-là; on ne devine pas ce que l'on n'a jamais vu; et qui l'apprendrait aux comédiennes d'aujourd'hui?

Le roi Charles X mourut au mois de décembre 1837. Tout ce qui ne tenait pas à la cour de Louis-Philippe et au gouvernement, et qui avait quelques prétentions à la bonne compagnie, prit le deuil.

Au commencement de l'année, avait eu lieu, à l'Opéra, la première représentation des *Huguenots* et j'avais assisté à la répétition générale, ce qui n'était pas une mince faveur. Un de mes amis, fort lié avec M. Meyerbeer, avait obtenu pour moi deux places. J'y allai avec une femme de ma connaissance, et le hasard nous plaça au balcon de droite, à côté du grand maître.

Je n'oublierai point cette soirée. Il y avait très peu de monde dans la salle; elle n'était pas éclairée et l'opéra fut écouté avec un religieux silence d'abord, avec un enthousiasme immense ensuite. Jamais il ne fut chanté comme ce soir-là. Nourrit et Mlle Falcon se surpassèrent, dans le duo du quatrième acte surtout. Nous avions tous les larmes aux yeux et le cœur étreint. Les hommes se seraient volontiers battus pour sauver Raoul, et les femmes se désolaient de n'avoir pour le défendre que des sanglots. Après le duo, lorsque Valentine fut étendue près du canapé, elle ne se releva pas sur-le-champ. Nourrit vint à elle, pendant que les spectateurs applaudissaient à tout rompre; il la prit par la tête et l'embrassa. Il était tellement ému, et de ce qu'il venait de chanter et de leur triomphe, que ses pleurs coulaient sans qu'il s'en aperçut ; l'émotion gagna jusqu'à l'orchestre, et l'on applaudissait ! l'on applaudissait ! Oh ! comme on aimait l'art alors, et comme on le sentait !...

Meyerbeer était transporté ; il eût volontiers pleuré aussi, mais c'était de joie et d'attendrissement. Mlle Falcon était d'une beauté sympathique et noble. Sa taille, sans être élevée, était très bien prise ; elle avait des cheveux noirs comme l'aile d'un corbeau, le teint mat, uni et chaud comme une Vénitienne, et des yeux admirables.

Sa physionomie était pleine d'expression ; la passion étincelait dans son regard. Son visage et sa voix s'harmonisaient admirablement. Elle était sublime dans ce rôle de Valentine, où elle n'a point eu d'égale. Elle était l'élève de Nourrit. Il avait pour elle une affection que l'on ne manqua pas de transformer, ce qui le mettait au désespoir ; il s'en défendait avec énergie. La belle Cornélie Falcon était très sage ; elle était accablée d'hommages et les repoussait tous. J'ai connu deux ou trois hommes qui en perdaient la tête ; un, entre autres, aujourd'hui bien revenu de la jeunesse, et qui ne se souvient peut-être plus de tous les vers qu'il a faits pour elle.

La première représentation des *Huguenots* fut admirable ; moins belle, pourtant, que la répétition générale ; les artistes étaient un peu intimidés de cette grande partie qu'ils jouaient ; la surveille, ils avaient chanté comme dans leur chambre et sans aucune crainte. La salle était comble ; tout ce qui avait une notoriété quelconque était là.

Le *pif, paf, pouf*, de Levasseur, au premier acte, produisit un effet peu agréable ; on ne le comprit pas ; il étonna surtout dès les premières mesures, et cependant, il fut chanté en perfection. Levasseur était, je l'ai dit, un homme d'un talent immense. Sa voix le servait beaucoup et il la maniait avec un art infini. Quel trio que ces trois artistes, et comme ils s'entendaient pour ménager leurs effets et se faire valoir !

Le septuor fut très goûté ; Nourrit y était un vrai chevalier. Il se mettait à merveille son costume de velours violet, du reste traditionnel.

CHAPITRE XIX

Le comte Jules de Castellane. — Un théâtre de grand seigneur. — Les ingéniosités de la marquise de Forget. — Une troupe de comédiens du grand monde : duchesse d'Abrantès, Sophie Gay, Mélanie Waldor, Edouard Mennechet, etc., etc. — Histoire d'une très noble marquise. — Les débuts inconnus de Rachel. — Les jalousies de Mlle Mars.

Je n'ai presque rien dit d'une maison qui florissait depuis plusieurs années, et dont l'on s'occupait fort dans le monde, celle du comte Jules de Castellane. Elle eut deux phases bien marquées, et la plus curieuse fut assurément la première, celle où il était garçon et où il ouvrit son fameux théâtre.

Le comte de Castellane appartenait, on le sait, à une des grandes maisons de la Provence. Elle datait du premier temps des trouvères et de la langue d'oc. Il n'était pas sans esprit, mais la manie de l'art l'avait *toqué* un peu trop fort. Dans sa jeunesse, prétendait-on, il avait écrit un roman intitulé : *La vertu crue crime*. Je ne l'ai jamais lu, et je me suis contentée du titre; je ne vous garantis pas la vérité du fait, mais on le lui prêtait.

Il avait une grande fortune; sa terre des Aygalades est célèbre parmi les curiosités du Midi. Il trouva, avec raison, après la Révolution de 1830, qu'on ne s'amusait pas assez à Paris. Il fit restaurer son hôtel du faubourg Saint-Honoré. Il y fit mettre des statues que vous avez été à même de voir, et il proclama qu'il allait faire jouer la comédie à une troupe d'amateurs, ce qui était alors une énormité.

La salle de spectacle n'était pas encore construite, et ne le fut que plus tard ; il avait fait élever un joli petit théâtre dans le grand salon. Chaque année on le changeait de place, ce qui lui semblait incommode ; aussi il se décida à en faire un pour tout de bon.

Les femmes de la société, celles qui étaient jeunes du moins, ne se fussent pas données en spectacle ainsi pour un empire, d'autant mieux que les invitations s'obtenaient facilement et que le public était un peu mêlé. Cependant, au commencement, il n'admettait pas d'artistes dans sa troupe. Elle se composait d'hommes de la société et de femmes appartenant au monde des lettres, telles que la duchesse d'Abrantès, Mme Sophie Gay, Mme Mélanie Waldor. Il y eut aussi une de mes bonnes amies, la marquise de Forget, dont l'âge était au-dessus des propos et qui ne résista pas à un plaisir qu'elle aimait par-dessus tous les autres.

Elle jouait en perfection les soubrettes et les Déjazet. On n'a pas plus d'esprit qu'elle en avait, et sa personnalité mérite bien une petite digression.

Son mari était, avant la Révolution de 1830, officier des gardes du corps ; il l'avait épousée par amour ; elle n'avait aucune fortune et lui n'en possédait pas d'autre que son grade. Mlle Ralayrai peignait admirablement sur porcelaine ; elle faisait de vrais effets d'art. Ses plaques avaient un très grand prix à Sèvres, où elle avait pris des leçons. Elle vécut de son travail jusqu'au moment où elle devint marquise ; ensuite elle se donna tout entière à son ménage, et jamais on ne poussa plus loin l'industrie et le savoir-faire.

Ils vécurent très convenablement tant que les appointements arrivèrent, mais la Révolution bouleversa tout. Ils habitaient un appartement très convenable dans la rue Neuve-des-Mathurins, en face du passage

Cendrier. Hélas! l'appartement existe encore : ils ne sont plus ni l'un ni l'autre. Le coup les frappa comme un assommoir. Ils étaient accoutumés à une existence relativement aisée, et l'idée de voir son mari à son âge obligé de vivre de privations déchirait le cœur de sa femme.

Elle se mit dans la tête de l'en empêcher, de lui refaire une situation et de s'arranger de façon qu'il ne s'aperçût pas, ou bien peu du moins, de la différence.

Il faut se reporter à l'époque où l'on était; avec le luxe qui court et la cherté de toutes choses, ce ne serait plus possible aujourd'hui. Leur appartement était disposé de façon à pouvoir isoler la chambre à coucher, qui avait une sortie particulière, sur l'escalier; elle était belle et commode, on pouvait la louer; le prix de la location payait à peu de chose près le propriétaire. Il restait encore un joli salon, une salle à manger, qui représentaient; cela ne suffisait pas, il fallait dormir; elle trouva encore la façon de tout arranger. La cuisine était au-dessus de l'appartement; on s'y rendait par un petit escalier intérieur; à côté de cette cuisine était une sorte de grenier fort gai, avec des fenêtres donnant sur des jardins; elle se mit en tête d'en tirer parti.

Seule avec son mari et sa servante, elle y fit une cloison qui sépara en deux son grenier et le tapissa; elle y mit un poêle, la meubla convenablement, et ce grenier devint la chambre à coucher du ménage, très propre, très commode et très gaie, fraîche l'été, chaude l'hiver, qui ne coûta pas un sou de main-d'œuvre, sauf la pose des tuyaux. Le second compartiment devint l'habitation d'une jeune nièce, d'une fille de sa sœur qu'elle élevait, et qui est morte.

Par un hasard étrange, sa sœur et elle avaient épousé deux hommes du même nom, qui n'étaient point parents. L'un était le marquis de Forget et l'autre M. Forget, directeur des domaines à Blois. Une sœur de la petite Marie, la nièce de la marquise, a épousé l'excellent médecin des Batignolles, le docteur Bouchard.

Non contente de l'invention de la chambre, Virginie se mit en tête de tout faire chez elle, *fit tout*, robes, chapeaux, jupons, fichus ; pantalons de son mari, gilets, cravates, chemises, excepté les bottes et les habits de drap : elle fut pour elle et pour lui couturière et tailleur. Elle recouvrait ses bottines, faisait des guêtres d'hommes, tout enfin. Une fois par semaine, elle s'enfermait dans le haut et lavait, repassait elle-même le linge fin, les dentelles. Elle ne jetait aucun chiffon : tout avait sa place, disait-elle souvent. Ses toilettes subissaient des transformations qui les changeaient. Son goût naturel joint à une extrême propreté lui donnaient un air d'élégance.

Elle trouvait encore le temps de peindre des plaques et de les vendre, et elle ne négligeait aucun devoir de société. Elle allait dans le monde presque chaque soir l'hiver. Son mari et elle avaient les costumes les plus ingénieux pour se garantir du froid, cacher leur toilette et pouvoir aller en omnibus ; ils revenaient à pied si l'heure était avancée.

De temps en temps, ils recevaient un ou deux amis à dîner, et tout cela se faisait avec quelque chose comme trois mille francs par an. N'est-ce pas phénoménal, même à cette époque où il faisait bon vivre ? Mme de Forget jouait donc chez M. de Castellane, et y tenait très bien sa place.

J'ai dit que la duchesse d'Abrantès avait un charmant talent pour la comédie, et Mme Mélanie Wador également.

Mme Sophie Gay était plus dramatique et plus remarquable dans les grandes scènes. Elle représenta elle-même une pièce, dont elle était l'auteur, et qui s'appelait *la Veuve du Tanneur ;* l'action se passait sous Henri IV, et elle y fut très remarquable.

J'étais à cette représentation, à côté de la seconde

de ses filles, Mme O'Donnell, la plus spirituelle et la plus drôle personne possible. Elle était belle, ressemblait à Delphine plus jeune qu'elle de quelques années. Je la rencontrais avec grand plaisir. Ce soir-là, elle fut étincelante ; elle me raconta des choses inouïes, qui me firent trouver les instants très courts. Sa mère avait pris l'appartement de mon oncle, dans la rue de la Chaussée-d'Antin : il m'avait présentée chez elle, je la voyais quelquefois.

— Allez-vous aux samedis de ma mère ? me demanda Mme O'Donnell.

— Non pas jusqu'ici, lui répondis-je ; il y a trop de bals, je n'ai pas le temps, j'irai plus tard.

— Vous ferez bien d'attendre ; en ce moment, ce n'est pas amusant, il n'y a que des vieilles femmes qui ressemblent à des sorcières ; je ne sais pas où ma mère les a prises. Elles vont au sabbat et s'envolent par la cheminée après minuit. Ce ne sont pas leurs voitures qu'on annonce, ce sont leurs montures infernales. Le domestique crie :

— Le balai de Mme Z... ! le balai de Mme T... ! et ainsi de suite jusqu'à la fin.

Elle était fort caustique comme toute sa famille. Le défaut de ces dames n'était pas l'indulgence. Je vis encore Mme O'Donnell à une autre représentation, plus grave cette fois. C'était à la Comédie-Française, où l'on donnait *Cosima*, la première pièce de Mme Sand qui ne fut pas comprise et qui tomba. Un feuilletoniste aurait pu écrire la critique sous la dictée de ma belle voisine : il ne l'aurait faite ni plus mordante ni plus spirituelle, j'en réponds.

Mme O'Donnell est morte bien jeune, encore longtemps avant sa sœur, Mme de Girardin.

Je me rappelle avoir rencontré un matin, chez Mme Gay, une très jolie jeune fille. Elle lui arrangeait un costume pour jouer le soir ou le lendemain chez M. de Castellane. C'était dans la seconde période, celle où les artistes composaient la majorité. Cette jeune fille était Mlle Plana, qui devait bientôt se faire connaître sous le nom de Mlle Naplat et plus tard sous celui de Mme Arnauld. Elle était charmante dans les bergères; pourtant il me semble qu'elle bèlait un peu.

Les hommes du monde qui composaient la troupe étaient d'abord M. Edouard Mennechet[1], le lecteur de Charles X. Il lisait et disait des vers en perfection, pour un amateur. Je lui ai vu jouer très convenablement *le Misanthrope*.

Il fit pendant plusieurs hivers un cours de littérature fort à la mode chez lui, rue Duphot. Toutes les jeunes filles et les jeunes femmes du faubourg Saint-Germain y venaient. M. Mennechet était très royaliste. Il avait beaucoup d'instruction, de la tenue, du savoir-vivre et tout ce qu'il faut pour réussir.

M. Sauvage était également un excellent comédien, ainsi que M. Panel pour les comiques... Puis le comte d'Adhémar, le comte de Grabourthy dont la mère était Française. Elle avait une maison des plus agréables et demeurait rue Neuve-des-Mathurins, où elle recevait une société très intelligente et très distinguée.

Je me rappelle un certain soir, chez M. de Castellane, où M. de Grabourthy parut habillé en danseuse, dans une pièce comique. Il avait bien la plus étrange figure et la plus étrange guirlande de roses posée sur sa perruque rousse. On fit une remarque, c'est que dans toute l'assemblée il n'y en avait que deux : celle de M. de Grabourthy et celle d'une dame très laide et très prétentieuse, dont la laideur était proverbiale ; on s'en moquait à perpétuité et dans tous les mondes.

Je la nommerai d'autant moins qu'elle a considérablement embelli en vieillissant.

Ordinairement, après le spectacle, il y avait un souper pour les acteurs et pour quelques privilégiés

1. Édouard Mennechet, né à Nantes, le 25 mars 1794, mort à Paris, le 24 décembre 1845. Son père était le neveu de La Pérouse.

seulement. Il s'y faisait et il s'y disait des choses incroyables. Alfred de Musset y composa de certains vers qui sont bien connus, qui coururent partout et qui ne sont pas dans ses œuvres pourtant.

On en raconterait des histoires bien drôles, mais elles intéresseraient peu la génération actuelle. Je ne puis cependant passer sous silence une certaine caricature qui continue depuis trente ans ses exhibitions et qui était alors dans toute sa gloire. Un jour, elle arrivait en sphinx, toute habillée de rouge, avec des bandes rayées en travers qui lui entouraient le front et retombaient de chaque côté sur la poitrine, plus bas que la ceinture, la tête couverte de coquillages par derrière et par devant, enfilés dans des bouts de cordons.

Aussitôt qu'on l'apercevait, les femmes étalaient leurs robes sur les banquettes, pour combler les vides : c'est à qui ne l'aurait pas pour voisine. Mme O'Donnell, dont je parlais tout à l'heure, me dit un jour en la voyant entrer :

— Oh ! mon Dieu, regardez-la, elle a l'air d'une fontaine de coco !

C'était là la vraie ressemblance ; elle se couvrait de verroteries, de clinquant, comme les idoles des nègres ; c'était bien amusant et on en riait fort.

Il y avait de tous les mondes, chez M. de Castellane, du meilleur et du plus singulier ; c'était un terrain neutre, où l'on se rencontrait sans conséquence. Je dois ajouter pourtant que le singulier dominait. On y pouvait faire des observations de tous les genres ; je vais en citer une entre autres qui m'a frappée.

Une très noble marquise, fort belle, fort riche, fort agréable, avait depuis plusieurs années une liaison avec un jeune homme de la société ; cela se savait partout, bien qu'on ne l'avouât pas, mais une femme riche et belle a des permissions très étendues et on ne la blâme que tout bas. Le mari, beaucoup plus âgé qu'elle, ne s'apercevait de rien. On ne se trouvait pas le droit d'être plus difficile que lui.

Ils n'avaient pas d'enfants, après sept ou huit ans de mariage, et ils en désiraient vivement. Cette année, la jeune femme revint de la campagne très avancée dans une grossesse. Leur première sortie fut pour un spectacle chez M. de Castellane. Ils arrivèrent tous les trois, comme de coutume. On leur avait gardé des places sur le devant. Ils furent donc obligés de traverser toute la salle pour les atteindre. La marquise passait la première, en robe de satin blanc, très jolie, très modeste, peut-être même un peu honteuse. Son état était très visible; derrière elle marchait son mari; il recevait les compliments d'un air d'orgueil, et, pour clore la marche, paraissait l'amant, à qui on ne disait rien, mais on lui serrait la main d'une manière significative, avec des clignements d'yeux et des jeux de physionomie à peindre; évidemment tous les compliments étaient pour lui.

Il les recevait, le scélérat, et en pantomime aussi, ce qui n'en était pas moins éloquent. Le monde est une singulière chose!

Les amateurs devenaient de plus en plus rares; alors on eut recours aux artistes. Il y eut des élèves du Conservatoire, il y eut de jeunes talents, il y eut des acteurs en réputation quelquefois. Il me semble qu'Augustine Brohan, qui débutait alors, consentit à jouer une petite comédie inédite. Je n'en suis pas bien sûre, pourtant je le crois.

Mais, ce dont je suis sûre, c'est d'y avoir vu Rachel jouer je ne sais plus quelle pièce inconnue et cela avant son début au Gymnase, alors qu'elle était tout à fait obscure. C'était une petite brune renfrognée, laide, maigre, noire, presque désagréable et sans talent. Elle me parut surtout étrange; son regard ne se fixait pas; elle avait la voix rauque, et cependant deux ou trois fois il jaillit des éclairs de ce génie qui s'ignorait encore.

J'avais pour voisine une vieille dame, dont j'ai oublié le nom, qui me dit une parole dont je me suis toujours souvenue.

— Cette petite personne a en elle quelque chose d'extraordinaire, je ne serais pas étonnée quand elle irait loin.

On sait jusqu'où elle a été.

Rachel avait, comme tous ceux qui lui ressemblent, la rage de faire ce qu'elle faisait le moins bien ; ainsi Mlle Mars voulait jouer le drame, Talma voulait jouer la comédie : Rachel avait le même penchant. Je l'ai vue une fois à l'Odéon, à une représentation à son bénéfice, alors qu'elle était encore bien jeune. C'était le temps où certaines personnes du faubourg Saint-Germain en raffolaient, où leurs salons lui étaient ouverts. Elle n'avait donné aucune prise à la médisance ; on la vantait non seulement pour son talent, mais encore pour sa conduite exemplaire.

La duchesse de *** s'était engouée d'elle à un point inouï ; elle avait loué ce jour-là un avant-scène du rez-de-chaussée pour elle et une autre personne. Cette loge était littéralement remplie de bouquets, à l'adresse de la grande tragédienne ; j'étais en face, je voyais tout.

Elle joua Hermione dans *Andromaque* avec un succès très mérité ; elle y était superbe ; après la pièce, rappel, fleurs, trépignements, rien n'y manqua.

Après *Andromaque* venait le *Tartuffe ;* Mlle Mars jouait Elmire et Rachel s'était imaginé de représenter Dorine. Tout le monde connaît cette scène, où la servante *forte en gueule* défend seule contre Mme Pernelle tous les membres de la famille que l'aïeule attaque. Celle-ci est au milieu du théâtre, Elmire auprès d'elle, et tout à fait au bout se trouve Dorine ; le dialogue est à elle seule avec la vieille. Rachel ne pouvait pas mal dire, mais sa voix pleine et sonore dans la tragédie était dans la comédie une vraie voix de rogomme, sourde, caverneuse et désagréable.

Mlle Mars jouait avec son éventail et regardait du coin de l'œil, avec un sourire ironique, sa rivale qu'on applaudissait et qui lui portait ombrage. Ce regard disait :

— Ah ! tu viens sur mon terrain ; ah ! tu crois y triompher. Attends un peu, tu vas voir, j'aurai mon tour.

En effet, jamais — et c'est beaucoup dire — jamais Mlle Mars ne joua Elmire comme ce jour-là. Après la scène du quatrième acte, elle fut rappelée par la salle entière avec un enthousiasme que rien ne peut rendre ; tous les bouquets apportés pour Rachel lui furent lancés ; il ne fut plus question de celle-ci. Sa chute dans la comédie fut complète, et le triomphe de Mlle Mars s'en augmenta d'autant.

CHAPITRE XX

Un étrange convive[1]. — La salade de M. de Saint-Cricq. — Son cold-cream. — Saint-Cricq et les Bédouins. — Ses divagations. — Le buste de Louis-Philippe. — Saint-Cricq et les musiciens de l'orchestre d'Harel. — Son équipée au Théâtre-Français. — Histoire des rognons aux Bains chinois. — Moyen de chauffer un fiacre. — Les glaces de Tortoni. — Le pari de Longchamps. — Les courants d'air du Café Anglais. — La préfecture de police. — M. Gisquet. — Lettre d'Alphonse Karr. — Visite à Mme Récamier. — L'emprunt et le baril. — La maison de santé du docteur Voisin. — La fausse promenade. — Jugement sur Saint-Cricq.

Il ne faudrait rien moins que le crayon de Cruyskaëns ou de Goya pour graver dans la mémoire de nos neveux pareille figure ; elle m'apparaît encore comme un bizarre fantôme lorsque vient à charbonner pour moi la lampe du travail nocturne, et que des images confuses dansent en spirale autour de mon fauteuil de malade...

La première fois qu'il me fut donné de voir M. de Saint-Cricq (c'était au Café Anglais), il me devint impossible de détourner mes yeux de cette apparition bizarre ; je me crus le jouet de quelque hallucination. J'avais devant moi un homme d'une cinquantaine d'années, grand, élancé, mangeant avec son chapeau

1. Ce chapitre et le suivant sont extraits des *Soupers de mon temps*, par Roger de Beauvoir.

sur la tête, — de ce chapeau avarié sortaient deux mèches grisâtres ; — il portait la barbe longue et mal en ordre, sans col de chemise, mais à la place une énorme agrafe d'argent qui retenait le collet d'un long manteau, qu'ai-je dit? de deux manteaux superposés avec une triple rangée de collets; — il était impossible de deviner s'il y avait là-dessous vestige d'habit ou de redingote...

Il s'était attablé un peu avant moi en tortillant un cure-dents; il avait devant lui un vaste saladier rempli de mâches et de betteraves qu'il retournait avec une ardeur fébrile. Mon étonnement fut grand en le voyant alors tirer de l'une de ses poches une vaste tabatière, il l'ouvrit et en saupoudra sa salade de l'air le plus naturel du monde, remua de nouveau le contenu du saladier, puis se versa à boire un verre de Larose...

Cette cuisine nouvelle avait quelque droit de me surprendre, mais lui, sans s'apercevoir le moins du monde de ma stupeur, appela alors un garçon et lui demanda *son* pot de cold-cream.

Exact à le satisfaire en tout, — il payait toujours en grand seigneur, — le garçon revint bientôt avec le cold-cream demandé.

Ce convive étrange ôta alors son chapeau et se barbouilla littéralement le visage de cette crème que vendent si lucrativement pour eux les parfumeurs. Cela fait, il rouvrit sa tabatière, et se lançant à la figure plusieurs pincées de tabac, il s'en saupoudra lui-même comme il avait fait de sa salade.

Ce masque nouveau lui donnait la plus grotesque expression qui se pût voir; — il ressemblait à l'un de ces clowns au visage peinturluré dont Boswell restera le meilleur type.

Sous sa couche épaisse de cold-cream et de tabac, il devenait impossible de surprendre les lignes de cette physionomie si nouvelle pour moi, car je ne connaissais pas alors Saint-Cricq (qu'on me permette de supprimer à l'avenir l'appellation de *Monsieur*).

— Quel est ce fou? demandai-je au garçon qui me servait.

Il me dit son nom, mais sans entrer dans aucun détail sur ses lubies. Ce que j'avais vu me suffisait; c'était la préface du livre le plus drôlatique, le plus amusant, le plus imprévu en fait d'excentricités que je pusse consulter.

Mon souper n'était pas fini qu'il s'était déjà levé pour entamer conversation avec moi, car Saint-Cricq ne pouvait admettre qu'on ne le connût pas. Il conservait en me parlant cette larve de cold-cream et de salade, mastic affreux auquel je ne pouvais assigner aucun sens dans ma pensée.

— C'est pour mes maux de tête, me dit-il en me voyant *médusé* à son aspect. N'y faites pas attention! J'y ajoute parfois du vin de Condrieux ou de Canarie pour raffermir les chairs. Mon docteur n'y voit aucun mal. — En usez-vous?

Il m'ouvrit alors sa tabatière, qui poussa un cri aigu, pareil à celui que Frédérick Lemaître faisait sortir de la sienne dans *Robert Macaire*.

— Merci, répondis-je.

— Vous écrivez, je crois, dans les journaux? Le garçon me l'a dit, du moins. Alors vous devriez bien écrire contre ce *polisson* d'Harel, qui se conduit si mal avec moi.

— Que vous a-t-il fait?

— Il ne veut pas que je parle aux acteurs quand ils sont en scène; moi, c'est mon habitude, je tutoie Bocage. Comme il faisait très froid l'autre jour, je me suis écrié, au milieu d'une tirade de lui dans *Angèle* : « Nous voulons des calorifères! » Le parterre s'est mis à faire chorus. Voyant cela, je suis sorti et suis revenu bientôt avec... une chaufferette! Les Bédouins commençaient leurs exercices. J'ai fait passer ma chaufferette au plus vieux. Des applaudissements m'ont récompensé. Ensuite, j'ai sorti de ma poche une demi-douzaine d'oranges que j'ai jetées encore à la troupe. On voulait m'arrêter. Mais Louis-Philippe va bientôt finir. « La France est un volcan! Vive Abd-el-Kader! »

Il se versa un nouveau verre de Larose, et dit à Delaunay, le maître du café :

— Delaunay, ayez soin surtout de mes pots de *cold-cream*. Lubin me les remplit quand ils sont vides, et cela m'épargne d'en payer d'autres. Je veux bien être volé chez vous, mais jamais par ces gueux de parfumeurs !

Il entra bientôt dans des considérations politiques étrangères à toute logique humaine, parlant à la fois de Louis-Philippe et de Debureau, de M. de Talleyrand et de Mlle Mars, amalgamant dans ses boutades l'archevêque de Paris et le maréchal Lobeau.

Ce qu'il aspirait de tabac était inouï.

Il devenait impossible de se soustraire à cette conversation incohérente, courant bride abattue d'un sujet à l'autre, bizarre, effrénée, mais souvent pleine d'éclairs. L'esprit de cet homme débordait par tous ses pores, c'était seulement un esprit malade, agaçant, très souvent froid et cruel. Ses moindres mots s'incrustaient dans la peau de son interlocuteur, comme ces flèches barbelées lancées par une main sûre. Il représentait Diogène et Beaumarchais. Et tout cela publiquement, sans s'embarrasser en rien de la galerie.

Aussi passait-il généralement pour un fou.

Le monde se donne-t-il jamais la peine de soulever le masque qui recouvre le visage?

Pourtant, quand il vous était donné de l'approcher de plus près et de le soumettre à la loupe de l'examen, on reconstruisait peu à peu les belles et nobles lignes de cette physionomie, on en retrouvait l'empreinte ainsi que celle d'une médaille effacée. Les aptitudes les plus rares se lisaient sur ce front défiguré à plaisir; une organisation toute d'élite s'y faisait jour. Il avait été, dans sa jeunesse, un cavalier des plus galants et des plus accomplis, recherché, couru, fêté dans tous les salons! Quelquefois le vin lui arrachait d'amères confidences; *Sunt lacrymæ rerum*, a dit le poète; or, rien n'était plus vrai pour Saint-Cricq dont la douleur intraduisible vous mordait au cœur; sa gaieté même avait le don de vous rendre triste... elle vous ôtait le courage de pénétrer plus avant dans sa vie.

Vie étrange, vie de noctambule endurci!

Jamais de repos pour cet homme, il fallait qu'il marchât par la neige et par la bise.

Ahasvérus de l'asphalte, il arpentait ainsi des distances folles, allant d'un bout de Paris à l'autre, du Palais-Royal à la Bastille, du faubourg Saint-Germain au Champ de Mars. Il avait pourtant un coupé au mois, mais plus souvent il s'en faisait suivre et lui préférait ses jambes.

Ses excentricités étaient, du reste, devenues célèbres; elles le désignaient autant que son costume, d'une originalité réelle, à l'attention de la foule.

Il la haïssait d'instinct, cette foule, et, comme le cynique d'Athènes, il l'injuriait souvent du haut du balcon formant l'angle du Café Anglais. Il appelait ce coin « sa tribune aux harangues ».

Sa première lubie, celle qui le décida à choisir d'abord le Théâtre-Français pour y aller finir sa soirée, ce fut sa connaissance avec Michelot, auquel il ne se gênait pas pour parler ainsi de sa stalle, durant le cours de la représentation :

— Très bien! Michelot, très bien! J'irai te prendre à la sortie!

Et quand Mlle Mars paraissait :

— Cette *petite* Mars, disait Saint-Cricq, est pourtant la fille du vieux Monvel! Elle a reçu en naissant le nom d'Hippolyte. N'est-il pas vrai, lui criait-il alors, que ton prénom, Mars, c'est Hippolyte?

On l'avait toléré longtemps, mais un jour on lui fit comprendre que le théâtre de la rue de Richelieu s'appelait avant tout la maison de Molière, et que ce dernier méritait plus de respect.

— Ces comédiens du roi, reprenait-il alors, ces comédiens! Ils croient avoir le droit de tout dire et de tout faire! N'ont-ils pas mis dernièrement encore dans le foyer du public Louis-Philippe entre Corneille et Molière?

— Eh bien! quel mal y a-t-il à ce que le roi des Français?...

— Laissez donc! ces comédiens ordinaires, trop ordinaires, ont raillé cette fois cruellement la royauté... Ils ont placé Louis-Philippe, l'auteur de la nouvelle charte, entre l'auteur de *Tartuffe* et du *Menteur!*

Forcé de quitter la rue de Richelieu, d'où ses singularités l'exilaient, Saint-Cricq secoua ses sandales à la porte de ce temple ingrat, et élut domicile au théâtre de M. Harel, à la Porte-Saint-Martin. Il y renouvela ses apostrophes aux acteurs; il priait Frédérick, dans le rôle de Macaire, de lui rouler une cigarette.

— Comme il fait froid dans votre *boîte!* lui criait-il.

Il y faisait si froid, en effet, à cette malheureuse Porte-Saint-Martin, que Saint-Cricq ne tarda pas à s'y signaler par un exploit d'un genre nouveau.

C'était en février; un froid de Sibérie régnait dans la salle, les loges avaient des glaçons, le parterre charriait...

Il va sans dire que les musiciens de l'orchestre soufflaient dans leurs doigts... les malheureux! Dame! on ne prévoyait guère M. Marc Fournier avec ses magnificences!

Saint-Cricq occupait d'habitude l'avant-scène de

gauche, sorte de tannière assez noire pour qu'on n'y vît guère que ses deux grands yeux allumés comme deux charbons. Il avise tout à coup un malheureux musicien relevant son collet d'habit et mettant une paire de gants fourrés ; c'était un trombone, ayant l'air d'avoir été gelé à Eylau. Victime de son devoir, il allait donner son dernier souffle !...

Saint-Cricq sort et revient bientôt avec un garçon de café soutenant sur son plateau un punch-monstre, — ce punch, il le fait circuler à l'orchestre pendant que la scène et le dialogue continuent.

Ce ne fut qu'un concert d'éloges de la part des *réchauffés*.

— Soldats, reprit alors Saint-Cricq, je suis content de vous, c'est demain à votre général à riposter. Je serai des vôtres !

Harel s'exécuta, mais il surveilla de plus près Saint-Cricq. Il l'aimait au fond.

— C'est déjà quelque chose de l'avoir dans la salle, me disait-il un jour, mais s'il m'était permis de le mettre sur mon affiche !...

Cependant Saint-Cricq regrettait le Théâtre-Français et se prenait souvent à soupirer. Il résolut d'y rentrer et de s'y constituer d'un seul coup par une action d'éclat. Sa verve caustique, sa goguenardise habituelles allaient-elles l'abandonner ?

On en jugera par l'anecdote suivante, une invention qui ne pouvait venir que de lui.

C'était un soir de première représentation.

La pièce était de cet excellent M. E..., académicien à l'heure qu'il est, je n'en puis dire plus ; mais il a été à la fois, dans sa carrière, directeur et auteur d'une grande scène.

L'action se passait en Angleterre. L'élite de la troupe y jouait, Michelot entre autres. On va lever le rideau, la salle est comble, éblouissante de femmes, de toilettes, mais composée, il faut bien le dire aussi, de billets donnés, ainsi qu'aux premières représentations.

Dès les premières scènes, Saint-Cricq se remue comme une panthère au fond de sa loge d'avant-scène. Cette loge, il l'a louée pour lui seul ; il est vrai qu'elle n'est pas grande, une loge de trois places ; mais il y a installé son vestiaire habituel, un dossier énorme rempli de papiers, son manteau, son parapluie et sa lorgnette.

Vers la fin du troisième acte, il y a tout à coup un brouhaha dans la salle, qui s'insurge contre un monsieur dont le corps reste penché hors de sa loge. Il crie, gesticule, et impose de la main silence aux acteurs décontenancés.

On parvient, au milieu de ce tumulte, à entendre ces paroles brèves, lancées au parterre ahuri :

— Laissez-moi parler, je veux parler !

— A la porte, l'interrupteur ! s'écrièrent les uns.

— Allez, et dites toujours ! font les autres.

Saint-Cricq — c'était bien lui — prononça alors ces seuls mots d'une voix assurée :

— Je demande trente mille francs pour l'auteur !...

Il va continuer afin de développer sans doute sa proposition, mais des cris féroces couvrent sa voix ; il n'en demeure pas moins cramponné à sa devanture de loge comme à une tribune et brave ainsi la tempête... Il parvient à répéter sa phrase :

— Je demande trente mille francs pour l'auteur !...

— Mais pourquoi, pourquoi ? reprennent quelques claqueurs qui croient cette scène inventée par un confrère, en guise de réclame.

— Pourquoi ? se hâte de riposter Saint-Cricq, parce que, avec trente mille francs, il ne ferait peut-être pas de si mauvaises pièces !

Là-dessus, rires inextinguibles d'un côté, de l'autre redoublement de clameurs ; les acteurs, coupés dans leurs répliques, veulent en vain tenir bon, force leur est de se replier vers le fond et de disparaître.

Pendant ce temps, un commissaire de police s'est présenté très poliment à la loge de Saint-Cricq et lui a offert un entretien dans son bureau attenant au théâtre. Saint-Cricq a compris, et loin de se soustraire à la conversation de ce magistrat, il l'étonne par son sang-froid et le tour paradoxal de son esprit. Il obtient sa liberté, à la condition qu'il ne remettra pas les pieds de la soirée au théâtre susdit.

Notez bien ceci : le quatrième acte touche à sa fin. Que fait alors Saint-Cricq, lui qui brûle de se venger? Il ne remarque pas sans un singulier plaisir que la pluie torrentielle commence à tomber ; d'énormes flaques d'eau mouillent ses bottes ; il se trouve sur la place du Palais-Royal, ornée à cette époque de sa fontaine traditionelle; là, sur cette place où le vent enlève déjà les chapeaux des cochers, où les rifflards déployés luttent contre la bise, est une station de fiacres, une station des mieux fournies. Il s'adresse à un cocher ; beaucoup le connaissaient, on l'avait même surnommé *le père des fiacres*, puis agitant dans sa main un billet de mille francs : Au Cadran Bleu ! s'écrie-t-il ; suivez-moi , il y a une noce à prendre !

Et tous d'obéir, tous de suivre le premier automédon, leur camarade, dans la voiture duquel s'était installé Saint-Cricq, suivi de douze fiacres rangés à la file, Saint-Cricq riant bien haut de voir ces mêmes spectateurs, dont il venait de subir l'ostracisme, patauger avec leurs femmes et leurs enfants dans la boue contre laquelle on ne connaissait pas encore l'asphalte.

Ce déluge d'eau, cette rafale insensée, ces hommes criant sous un vent impétueux, ces robes de femmes balayant l'ondée, ces habits noirs qui seraient délustrés demain, tout ce clapotement, ces cris, ces angoisses de boutiquiers composaient pour cet esprit singulier la plus fantasque des vengeances !

La file des fiacres arriva au Cadran Bleu. Il n'y avait là aucune noce, mais en revanche les consommateurs attardés qui se trouvaient pris par l'orage purent trouver des voitures.

Depuis ce temps, MM. les cochers, se souvenant de cette glorieuse file inventée par Saint-Cricq, l'avaient surnommé *Pavillon*.

Il y avait alors, aux Bains chinois, un garçon du nom de Mangin. Il ne manquait pas de littérature. Saint-Cricq causait souvent avec lui, et l'obligeait même à lui lire les journaux malgré les coups de sonnette irrités de quelques clients.

Saint-Cricq prenait du reste son bain de très bonne heure, et c'était souvent Mangin, ce garçon matinal, qui venait lui offrir ses services.

Saint-Cricq ne voyageait guère sans ce fameux dossier, qui lui donnait l'air d'un vieux procureur. Il y avait de tout dans cette immense *serviette* : des baux de fermages, des savons, du cold-cream et une carte de la bataille de Waterloo.

Cette bataille célèbre faisait le désespoir de Mangin; Saint-Cricq la lui expliquait très au long et en détail, ayant devant lui l'ouvrage de Vaulabelle. Rien n'y faisait, l'infortuné Mangin ne se rappelait plus le lendemain les leçons de son professeur.

Saint-Cricq résolut de vaincre son obstination. Il arrive de bonne heure aux Bains chinois, — il demeurait alors rue de la Chaussée-d'Antin, — et n'avait que la rue à traverser. Il trouve Mangin épongeant déjà ses baignoires et dans tout le feu de son service; il lui commande un bain tiède; la pendule marquait sept heures du matin.

Mangin quitte tout pour Saint-Cricq, dont la monomanie lui est bien connue. En effet, Saint-Cricq enfourche son dada habituel, la bataille de Waterloo.

Mangin sue sang et eau dans son harnais. Cette fois, la parole de Saint-Cricq est brève, impérieuse, sifflante :

— Allez me chercher mon déjeuner.

— A l'instant, monsieur le comte. Que désirez-vous? parlez.

— Je veux vingt-cinq rognons, Mangin.

— Vingt-cinq?

— Pas un de plus ni de moins. Seulement je les veux *crus*.

— Crus ! monsieur le comte ; pour le coup, cela n'est pas croyable, reprend Mangin qui cultive le calembour.

— Allons, et lestement, reprend Saint-Cricq. Je vous donne une heure !

Mangin baisse la tête et sort. Saint-Cricq est déjà dans son bain.

Mangin, lui, revient essoufflé trois quarts d'heure après. Il a dévalisé tous les bouchers du quartier ; il porte le front haut et dit à Saint-Cricq :

— Voilà !

Saint-Cricq demande une paire de ciseaux. Il s'en arme à l'instant et se met à diviser en une infinité de morceaux les vingt-cinq rognons de Mangin.

— Y pensez-vous, monsieur le comte, de si beaux rognons ! reprend Mangin stupéfait.

Mais Saint-Cricq lui indiquant le livre de Vaulabelle :

— A nous deux, maintenant, attention !

Mangin ouvre le livre à la page marquée ; il se voit condamné de nouveau à sa lecture.

— Attention, Mangin ! commence Saint-Cricq, nous rentrons à Mont-Saint-Jean, le 18 juin 1815 ; nous occupons en ce moment-ci les yeux de l'Europe. Les ailes des deux armées, voyez plutôt, s'étendent à gauche des deux routes de Genappes et de Nivelles ; d'Erlon faisant face à Picton, Reille faisant face à Hill... L'armée anglaise est en haut, la nôtre en bas. Damné Wellington ! il a pris le bon côté ! oui ; mais l'action s'engage par l'aile gauche française sur Hougomont.

Disant ainsi et s'échauffant lui-même au récit qu'il fait, Saint-Cricq continue en poussant de la main une colonne de rognons qui flotte sur l'eau de son bain comme autant de bouchons de liège ; sa voix s'anime, il poursuit le cours de ses démonstrations stratégiques.

— Sans la catastrophe du chemin d'Ohain, sans Marcognet balayé et Lobeau pris en écharpe, nous pouvions sortir de là, mais patatra ! quel carnage ! Mangin, ma baignoire n'a plus de l'eau, mais du sang ! Courage, mes amis, courage, faites-vous tuer ou suivez Ney !

Et Saint-Cricq, sur cet échiquier nouveau, sans s'inquiéter des éclaboussures qu'il lance à Mangin, fait une charge à fond de train sur les prussiens et les tirailleurs anglais.

Mangin déplore tant de monde sacrifié et tant de rognons perdus.

Un coup de sonnette mettait fin à cette noyade insensée. Un de ses camarades vient prévenir Mangin que le baron Schikler l'attend et qu'il doit lui faire les cors. Il arrive à l'instant d'une chasse à Rambouillet.

Saint-Cricq se résigne, il est d'ailleurs temps de déjeuner.

Il avait aussi, l'hiver, une façon de se réchauffer toute à lui, quand il lui fallait sortir rapidement de son bain pour faire dans Paris quelques courses nécessaires...

— Mangin, s'écriait-il, vite un fiacre !

— Monsieur le comte veut dire... son coupé hasardait Mangin.

— Je n'en veux plus ; d'ailleurs, c'est une course forcée... C'est un grand voyage, Mangin, je m'en vais d'ici à la Bastille ! On comprend dès lors que je doive entrer dans un fiacre chaud, bien chaud !

— Pour cela, c'est juste, il fait un diable de froid...

— Donc, il me faut trouver une température de ver-à-soie dans le véhicule demandé.

Mangin pâlit... Saint-Cricq aurait-il idée d'un poêle dans une voiture ?

— Voici ce que je veux, Mangin. Quatre commissionnaires que l'on aura soin de me choisir parmi les garçons les plus robustes ; le fiacre que l'on va me prendre, et dans lequel ils monteront, aura l'ordre de les promener, toutes ses glaces abaissées, d'ici à la colonne de Juillet ; il devra exécuter rapidement cet itinéraire, je lui paye double course. De cette manière je pourrai m'insérer, moi, dans un fiacre bien chaud, et suivre ainsi les prescriptions de mon médecin.

Et ce singulier voyage avait lieu, à la grande satisfaction des quatre auvergnats, qui se gaudissaient de rouler en carosse, et recevaient en outre un litre à leur arrivée pour se dédommager de la chaleur du trajet.

En revanche et par ces températures féroces de chaleur, qu'on ne rencontre qu'à Paris, Saint-Cricq avait un moyen non moins sûr de se rafraîchir, il entrait à Tortoni et demandait trois glaces.

Il avalait la première et se versait les deux autres dans ses bottes.

On lui en prêtait souvent qu'il n'eût pas même imaginées, par exemple sa promenade à Longchamps, pari byronien et quelque peu hasardé qu'il aurait fait dans le premier temps de ses folies. N'ayant pu trouver de tilbury pour se promener à Longchamps, il avait parié, contre quelques étourdis, qu'il s'y ferait remarquer par sa voiture aussi bien qu'eux.

Longchamps, stupéfait, eut alors un spectacle unique en son genre, celui d'un croque-mort, la rose à la boutonnière et des fleurs à son tricorne, conduisant seul, dans un petit haquet, une haridelle dont on pouvait compter les côtes ; c'était, par malheur, au moment du choléra et la plaisanterie ne prit pas.

Le café Anglais, où il soupait, réunissait après le spectacle à côté (le Théâtre-Italien) l'élite des amateurs du balcon et de l'orchestre, venant deviser jusqu'à deux heures du matin, pour peu qu'ils soupâssent, des mérites de Mario ou de Grisi.

La tenue habituelle pour les Italiens était celle-ci : habit noir, linge éclatant, manchettes retroussées sur l'habit et bas de soie.

Aujourd'hui, la botte vernie a détrôné le soulier, cette chaussure est sans nul doute plus chaude, aussi fallait-il voir comme on grelottait, de par la mode, dans ces fameux bas à jour !

Le café Anglais, ouvrant de plain pied sur la rue, avait le plus grand intérêt à tenir ses portes closes, surtout par un temps d'hiver des plus froids ; ce soir-là, en effet, le vent soufflait avec violence et s'engouffrait dans le café en formant sous chacune de ses portes une basse continue...

Saint-Cricq soupait seul, comme d'habitude, dans le petit salon formant, encore aujourd'hui, la dernière pièce du rez-de-chaussée, mais à chaque minute ce flot de dilettanti l'arrachait par son irruption bruyante à la lecture des journaux qu'il aimait beaucoup. Il avait résolu de se venger de tout ce tapage d'agents de change et de lions cravatés, et par le mécanisme le plus ingénieux et le plus hostile il y était parvenu.

Quand il voyait le salon bien réchauffé, zest ! posant sa main sous la table, il lâchait la volée à cinq ou six ficelles qu'il avait habilement nouées au bas de chaque porte... Que l'on se figure alors la fureur de tous ces frileux en bas de soie, criant à tue-tête : « Fermez la porte ! » pendant que Saint-Cricq chaudement enveloppé de ses deux manteaux, demandait d'un air ingénu aux garçons de l'établissement comment ces messieurs pouvaient avoir froid.

Tout d'abord on ne s'était pas aperçu du jeu de Saint-Cricq ; ce fut Delaunay, le maître du café, qui en surprit le premier les *fils*, il en devint furieux. Déjà, plusieurs pratiques enrhumées à la suite de ce vent coulis perfide, avaient menacé de quitter l'établissement, croyant sans doute être le jouet de quelque djinn inconnu. Le dialogue qui s'établit entre Saint-Cricq et Delaunay fut des plus vifs ; Delaunay alla jusqu'à tirer violemment la chaise de son plus ancien consommateur, Saint-Cricq tomba même rudement sur le pavé. Tout le monde donna tort à Delaunay.

J'étais arrivé vers la fin de cette scène. Le lendemain, je dormais encore du sommeil du juste quand on heurta assez violemment à ma porte. Sept heures du matin venaient de sonner.

Un homme à l'air égaré, aux cheveux en désordre, portant un vieux chapeau gris et se traînant sur deux potences absolument neuves, entrait chez moi et s'asseyait sur le pied de mon lit.

Je m'étais levé à peu près nu, et j'allais me recoucher, mais ce n'était pas là le compte de mon visiteur matinal.

—Mon cher ami, me dit-il, vous voyez comme ce limonadier assassin m'a accommodé, — j'ai passé la nuit à faire confectionner ces deux potences par un menuisier qui me connaît, — il faut que nous allions chez le préfet de police, chez cet excellent M. Gisquet, — vous lui raconterez — nous lui raconterons...

Et comme il me voyait regagnant déjà mon lit :

— Vous n'allez pas vous recoucher, au moins ; j'ai une voiture en bas, dépêchez.

La préfecture d'alors était loin d'offrir l'ensemble opulent dont elle a droit à s'enorgueillir aujourd'hui...

Une fête y avait été donnée la veille, fête où les quinquets d'origine classique avaient rempli leur rôle habituel ; ce n'était en effet que longues traînées d'huile sur des papiers bleus fleurdelisés.

Le luxe de M. Gisquet n'allait pas au delà !

Depuis quelque temps, ce préfet manchot était devenu le point de mire des complaintes.

On citait entre autres celle de l'évasion des républicains, qui, en gens bien appris, et avant de fuir les bontés de M. Gisquet, lui avaient remis leurs cartes d'adieu, avec ce mot P. P. C. (pour prendre congé).

Le *procès-monstre* était, du reste, résumé d'une façon complète dans ce couplet :

Crac! on voit sur la sellette
Les cent vingt républicains;
Ce sont des hommes hautains,
Armés tous d'une casquette,
Dont les barbes font frémir,
Avec une visière en cuir.

Le préfet se fit un devoir d'accueillir Saint-Cricq, et lui demanda le sujet de sa visite.

Saint-Cricq lui exposa l'affaire en ayant grand soin d'amplifier les torts de la partie adverse, et les résumant tous par ces mots :

— Vous le voyez, monsieur le préfet, je ne puis plus maintenant marcher qu'avec des béquilles.

En même temps, il cherchait autour de lui ses potences; mais, oubli fatal! il les avait laissées dans sa voiture!

M. Gisquet sourit et lui fit comprendre qu'il n'était pas encore si invalide qu'il voulait le faire croire.

— J'arrangerai cette affaire, dit-il, dormez en paix, monsieur de Saint-Cricq.

Le plaignant se retira satisfait, et moi, qui ne l'avais assisté que comme témoin dans cette bizarre excursion, je me hâtai de l'entraîner en remerciant le préfet de sa bonne intervention.

Mais ce n'était pas là le compte de Saint-Cricq. Une fois remonté dans sa voiture, il ne parlait plus que de porter plainte contre Delaunay. Voici, à cette occasion, la lettre que je reçus d'Alphonse Karr :

« Mon cher ami,

« J'ai rencontré hier le contumace de Saint-Cricq. Il m'a chargé de vous transmettre quelques paroles. — Comme elles me semblent entièrement étrangères à la logique et à la syntaxe humaine, je leur suppose un sens mystique et mystérieux ; aussi ne me suis-je attaché qu'à retenir ces mots :

« Dites à mon excellent ami Roger de Beauvoir que je suis en vain allé le chercher chez lui ou ailleurs, parce que M. Desmortiers m'a demandé si je donnais suite à mon action contre le limonadier assassin. — Mes amis m'ont dit de ne pas donner suite — je suis l'esclave de mes amis. — M. Desmortiers a sonné ; c'est pourquoi — vous serez bienfaisant de lui dire — à Roger — qu'il a mis un entr'acte d'un quart d'heure, ce qui ne m'empêche pas d'être son ami. Ainsi qu'il reste le mien. — Je promène ma carcasse sur les boulevards. — Les Bédouins sont extraordinaires.

« Voici, mon cher ami, ma commission faite ; j'avais juré sur un plan de la bataille de Waterloo que Saint-Cricq porte dans sa poche.

« Tout à vous,

« Alphonse Karr. »

L'affaire de Delaunay en resta là. Saint-Cricq aimait pourtant la procédure, mais il se laissait également conduire par une volonté ferme et droite, chaque fois qu'il la rencontrait. Il avait trouvé ce trésor dans une femme qui tint longtemps une grande place dans le monde, — Mme Récamier lui conservait une de ces amitiés qui pardonnent beaucoup. L'enchanteresse avait encore sur ses lèvres le miel de Chateaubriand et de Ballanche ; Saint-Cricq se faisait une règle de la visiter et de se soumettre à ses avis autant que les orages de sa nature le lui permettaient.

En sortant de la préfecture, il voulut à toute force

monter avec ses potences chez Mme Récamier, et le voilà sonnant à tour de bras à la grille de l'Abbaye-au-Bois.

Mme Récamier n'était pas encore levée, Saint-Cricq n'en tint compte, et se précipitant vers elle, il l'embrassa à plusieurs reprises.

En quelques secondes, il l'avait mise au fait de sa visite à M. Gisquet.

Il n'avait pas même songé à me présenter...

Comme il s'était monté peu à peu en parlant de l'*attentat* dont il avait failli périr, je crus devoir faire observer à Mme Récamier que sa seule parole calmerait sa fougue, je lui recommandai Saint-Cricq comme un vieil enfant malade.

Rien ne saurait exprimer la bonne grâce que mit alors cette femme, célèbre à tant de titres, pour donner aux idées courroucées de son visiteur une autre tournure ; c'était à la fois la tendresse d'une mère et l'affection d'une sœur, je retrouvais là le vrai type de la sœur de charité. Cette femme, qui avait tenu si longtemps le sceptre fragile de la mode, avait pour Saint-Cricq des consolations et des sourires ; il se laissait bercer au charme mélodieux de sa voix.

Quand nous fûmes dehors il me prit la main et me dit :

— Ce n'est pas la première fois que je me suis cru près d'un ange ; avec de bonnes paroles on fera toujours de moi ce que l'on voudra !

Tel était, en effet, cet homme, parlant déjà de lui-même comme d'une image oubliée. Amer et sceptique, il n'en était pas moins croyant à ses heures ; il avait des retours éloquents de passion.

Un jour, c'était en août, le soleil perçait Paris de ses flèches les plus brûlantes ; Saint-Cricq se trouvait cheminant à pied avec la petite fille de sa blanchisseuse, enfant de neuf à dix ans, que sa mère lui avait confiée pour la mener à Argenteuil. La petite fille, sans trop avoir peur de la barbe de Saint-Cricq, joue avec les cailloux de la route; seulement ses petites jambes commencent à se lasser furieusement; elle ne comprend rien aux monologues exaltés de Saint-Cricq, qui arpente la route en géant.

Lui, cependant, de marcher toujours, et toujours esclave de ses idées, il tient l'enfant par la main, mais tout d'un coup, ô terreur! il sent cette main se glacer, un sanglot est parti de la poitrine du pauvre petit être...

— « Vous marchez trop vite pour moi, cher monsieur. » — A cette voix où tremble la peur, Saint-Cricq se détourne, il s'arrête, il vient d'asseoir la petite fille sur un banc; mais l'heure les presse, et nulle voiture sur la route! Saint-Cricq enlève l'enfant sur ses épaules, ni plus ni moins que le Bon Pasteur, il l'encourage, la rassure; tous deux ils trouvent enfin la carriole d'un blanchisseur se rendant à Argenteuil. Saint-Cricq fait monter l'enfant, il lui prodigue ses soins. Le soir — et ce trait le peint d'un coup — il n'avait trouvé rien de mieux que de la ramener chez elle, en ayant soin toutefois de s'arrêter pour lui faire prendre des glaces à plus d'un café du boulevard!

Il avait manqué la tuer d'indigestion!

Un fou, direz-vous, un fou! — Non pas! un homme conséquent avec lui-même.

Vous lui auriez donné le brevet d'homme prudent, d'après sa dernière aventure avec lord Seymour.

Saint-Cricq, malgré des ressources pécuniaires assez étendues, ne voyait pas toujours chez lui couler le Pactole...

Il empruntait parfois, seulement quand il empruntait sa parole valait de l'or...

Verbum nobile, verbum stabile

disait-il. Quoique lié depuis longtemps avec lord Seymour, Saint-Cricq avait eu souvent l'occasion de se plaindre du peu de condescendance de ce dernier, lorsqu'il s'agissait de le remettre à flot.

Il le rencontre un jour aux Champs-Élysées, par un temps épouvantable, à pied, ayant l'air d'attendre une voiture quelconque sur la chaussée. Saint-Cricq lui fait signe immédiatement de monter dans son coupé, dont en un instant il a poussé la portière. Lord Seymour semble hésiter. Cependant, et comme le ciel menace de se fondre en eau, il accepte l'hospitalité de Saint-Cricq, et les voilà tous deux roulant vers Sablonville où milord a ses écuries.

Chemin faisant, Saint-Cricq lui explique sa gêne momentanée; il aurait besoin d'un billet de mille francs pour faire face à une dépense pressante.

Accoutumé de bonne heure aux obsessions de cette nature, lord Seymour est impassible — il a tiré gravement un cigare de sa poche et en présente un autre à son bourreau. Saint-Cricq ne se fâche pas en effet, — il le supplie — l'adjure de lui donner le billet en question.

Lord Seymour se rejette sur l'inattendu de la demande; il a perdu d'ailleurs énormément au baccarat cette nuit, et oppose les fins de non-recevoir d'usage.

— Puisqu'il en est ainsi — reprit son interlocuteur — en brandissant en main son cigare encore allumé — puisque vous le voulez, milord, ce sera mon dernier jour !

En même temps, il pousse du pied un petit baril, auquel lord Seymour n'avait pas fait attention, et, comme Jean Bart, la mèche allumée près de la Sainte-Barbe, il menace de se faire sauter, ainsi que milord, s'il éprouve un nouveau refus.

Terreur de lord Seymour, qui sait que Saint-Cricq est sorti il y a à peine huit jours de la maison du docteur Voisin, où l'on traite spécialement la folie. Il veut l'apaiser, mais en vain — l'inexorable Saint-Cricq lui oppose toujours son baril de poudre et son cigare allumé. Lord Seymour en est quitte pour lui promettre qu'aussitôt son retour à l'hôtel, il accédera à son désir.

Mais ce fut à Sablonville même que son intendant eut l'ordre de payer Saint-Cricq...

L'histoire de cet emprunt amusait beaucoup lord Seymour, qui la racontait avec une grâce toute particulière.

Ce fut dans la maison du docteur Voisin à Vanves, que Saint-Cricq vécut encore longtemps, épuisant souvent la patience de ses gardiens.

Chaque quinzaine, il n'était pas rare, vers six heures du soir, de le trouver botté et éperonné, un fouet de chasse à la main, descendant les marches du perron pour monter de là dans une chaise de poste qui devait le conduire à soixante lieues dans sa terre de Normandie...

Le postillon avait l'ordre de le promener une grande partie de la soirée dans le bois de Boulogne, pendant qu'il dormait mollement étendu sur les coussins...

Quelques heures après, il se retrouvait à la porte du docteur, se félicitant d'avoir échappé à toute la fatigue de la route, et payant grassement les guides de son dernier postillon.

En voilà assez sur une existence très diversement jugée.

Elle restera comme un hiéroglyphe pour la plupart, les uns se demandant si elle ne fut pas un long cercle de mystifications convenues entre cet homme et sa pensée, pour marquer des tribulations amères, des rides que la douleur seule a pu creuser, d'autres ne voyant dans cette folie qu'un assaut livré à l'organisme, une sorte de fièvre intermittente.

Qui dira ces naufrages si fréquents de la raison, ces soudainetés de la foudre? Ce même homme qui prenait sa salière pour sucrer son thé était un docte, un linguiste des plus distingués ; il savait à fond les antiquités égyptiennes.

Son double manteau était bien connu des étalagistes en plein vent qui bordent les quais.

Le pèlerinage de la vie fut accepté par lui comme un fardeau, sous lequel ses forces chancelèrent un jour.

Ce jour-là un éclat de rire méphistophélique courut Paris, c'était son dernier adieu à une société pour laquelle il avait professé toujours le dédain le plus absolu.

De son vivant, il aurait pu être une force et une puissance ; il se contenta de traverser ce siècle en philosophe. Les natures de cette trempe sont rares ; malgré leurs imperfections et leurs défaillances, il s'en dégage une virilité qui vous attache. On l'aimait et on le plaignait, comme un de ces rois de l'intelligence déchus d'un trône.

CHAPITRE XXI

Romieu à Paris. — Ses mystifications. — Les pruneaux. — L'étalage de Chevet. — La complainte des hannetons. — Les réverbères de Périgueux. — Romieu et Dantan.

« Quand Romieu revint du Monomotapa,
« Paris ne soupait plus et Paris resoupa ! »

Ces deux vers de Lautour-Mézeray, — qui n'en faisait pas son état, — sur Romieu qui fut préfet comme lui, disent assez le marasme dans lequel Paris serait demeuré plongé après les premiers jours de janvier 1830 si Romieu ne l'avait piqué de sa fourchette.

Romieu eut cette fois son 9 thermidor, il fut le Tallien du souper !

Bien qu'on ait écrit dans quelques anas une foule de mensonges sur lui, qu'on lui ait prêté nombre d'anecdotes qui l'eussent fort étonné de son vivant, il n'en reste pas moins assez riche de son propre fonds pour se passer de cet éternel renom de *farceur*, dont quelques contemporains l'ont affublé.

Le Romieu que nous avons tous connu vaut mieux que cela.

Romieu, quel nom ! Quelle verve, quel esprit ! La corporation des épiciers devait lui refuser une tombe, mais nous devons, nous, agiter des palmes sur son front. Romieu ! voilà un poème que Scarron et Sterne regrettent dans l'autre monde de n'avoir pas écrit.

Il avait de ces excentricités qui perdent de leur prix lorsqu'on ne l'a pas connu. Sa physionomie grave, son visage pâle constituaient une grande partie de son comique.

Voici une de ses aventures les plus drôles et les moins connues ; elle est fort difficile à raconter et j'en demande d'avance pardon au lecteur.

Il vaguait un soir dans les rues avoisinant la Halle — Pourquoi ? je ne sais. — Il fréquentait assez ces quartiers-là. Il avise un grand épicier dont la boutique n'avait pas de vitrage ; cinq ou six tonneaux remplis de fruits secs lui formaient comme une fortification.

Romieu dressa ses batteries de ce côté [1].

Nous discourions souvent ensemble et ne quittions la table que très tard.

Romieu, rappelé par son travail, s'arrachait avec peine à l'interminable déjeuner :

— Allons éclairer l'opinion publique ! s'écriait-il, il est deux heures !

Souvent il se prenait à lorgner d'un œil d'envie le merveilleux étalage de Chevet, et me poussant le coude :

— Mon cher ami, me disait-il, si les troupes françaises avaient vu cela en 1815, elles auraient gagné la bataille de Waterloo.

En effet, la seule perspective d'un festin pareil eût électrisé l'armée avant la bataille.

Romieu, préfet du Périgord, préfet du département des truffes, signala son avènement par une ordonnance pour l'extermination des hannetons qui cau-

1. Roger de Beauvoir rapporte ici l'anecdote des pruneaux. Cf. p. 103 et suiv.

saient d'innocents dégâts dans les localités voisines.

La verve comique des journaux s'empara du fait, et le *Charivari*, entre autres, en fit une odyssée burlesque.

Nous ne résistons pas au désir de citer cette complainte abracadabrante.

Sur la fin lamentable et *prématurée* de M. Romieu, victime des hannetons et Sous-Préfet de Louhans, *où il s'en vit cruellement dévoré.*

Air de FUALDÈS.

Entre l'index et le pouce,
Romieu tenait à l'écart
Une plume de canard,
Dont il en peignait son *Mousse*,
Quand un certain bruit se fait
Par devant son cabinet :

C'était le garde champêtre
Qui s'en venait tout saisi,
Pâle de peur et transi,
S'aboucher avec son maître ;
« Hélas! pour l'amour de Dieu,
« Accourez, monsieur Romieu. »

« Que me voulez-vous donc ? qu'est-ce ?
(Répondit le sous-préfet),
« Pour ainsi du cabinet
« Venir m'arracher sans cesse
« A moins que ce soit le feu...
« C'est pas ça, monsieur Romieu.

— C'est (dit-il) une autre histoire :
« C'est les cruels-z-hannetons
« Qui s'en vont, par escadrons,
« Ravager le territoire...
« Si vite vous n'accourez,
« Nous serons tous dévorés ! »

Dans ce grand péril extrême,
Ne consultant que son cœur,

Romieu, rempli de valeur,
S'équipa dès l'instant même :
Il embrassa tendrement
Son épouse et ses enfants.

Après ces scènes touchantes,
A tout Romieu décidé,
Prit son bel habit brodé,
Son épée étincelante,
Sans oublier toutefois
Mousse et *Bulletin des lois.*

Accompagné du champêtre
Vite en campagne il se mit,
Marchant droit à l'ennemi,
Sans d'abord le reconnaître.
Assez longtemps il marcha ;
Puis enfin le rencontra.

Ce hanneton incendiaire
En si grand nombre volait,
Que sa masse obscurcissait
Le soleil qui nous éclaire,
Faisant un bruit si confus
Qu'à Feydeau l'on se fût cru.

Romieu transporté de rage,
Tira son épée, et leur
Envoya sa croix d'honneur
Avec son *Mousse* au visage ;
Mais l'animal furieux
N'en devint que plus nombreux.

L'insecte, comme une teigne,
Rongea tout le sous-préfet
Commençant par le plumet
Et finissant par l'empeigne :
A l'instant il dévora
Yeux, pieds, mains et cætera.

Comme il avait la peau tendre,
Il n'eut bientôt plus d'espoir ;
C'était pitié de le voir,
C'était pitié de l'entendre.

Dans l'eau le garde caché
De pleurs était inondé !

Mais le ciel de sa vengeance
A pris le soin, en effet,
Car déjà tous les préfets
Et les sous-préfets de France
Viennent d'allouer des fonds
Pour percer les-z-hannetons.

Sous le tombeau du grand homme,
On écrivit : « Ci-gît qui
« Du hanneton perverti
« N'a pu sauver le royaume,
« Il fut bon fils, bon préfet
« Bon camarade et très gai. »

Français ! cela vous regarde,
Apprenez par là qu'il faut
Payer recta les impôts
Et recta monter sa garde,
Et pour vivre en bon chrétien
Chérir son roi citoyen.

Un soir, tout Périgueux dormait. La ville était chaudement ensevelie sous ses couvertures comme un perdreau truffé sous la croûte d'un de ses pâtés.

Tout à coup il y eut un éclat de rire sonore dans la grande auberge du *Lion d'Argent*, la plus belle auberge de tout Périgueux, laquelle portait cette devise, que Romieu ne put jamais faire rayer : *A Saint Polycarpe, préfet des Gaules sous César.*

L'éclat de rire fut suivi d'énormes lampées de vin de Champagne.

Libations bachiques de trois dandys parisiens, MM. C..., N... et V... qui parcouraient alors le pays. Ces messieurs buvaient comme on buvait à Périgueux, depuis que la préfecture elle-même s'en était mêlée et avait implanté au cœur de la magistrature l'exemple de l'ingurgitation en fait de Sillery frappé.

Après une séance gastronomique assez longue, ils sortirent pour prendre l'air et briser quelques réverbères à la lune, d'après le principe de Brillat-Savarin qui dit :

« Cassez les réverbères et les bouteilles ; — les réverbères parce qu'ils ne valent pas les bougies de l'Étoile ; — les bouteilles, parce qu'il est indigne de céder à un autre la maîtresse qu'on vient d'avoir. »

Ceux-ci voyagèrent donc par les rues montueuses de Périgueux, se soutenant magnifiquement, comme jadis l'illustre Romieu lui-même soutenait James Rousseau, son spirituel collaborateur.

Ils arrivèrent à la rue de la Préfecture.

L'un d'eux jeta au réverbère une, deux et trois pierres.

Le réverbère tint bon.

— Vous vous y prenez mal, messieurs, dit alors la voix d'un nouvel interlocuteur, qui rentrait en ce moment chez lui enveloppé dans son manteau ; tenez, il faut attaquer le réverbère du flanc gauche, comme ceci.

L'étranger prit un caillou, fit une rouelle préalable avec son bras et lança le projectile contre le réverbère préfectoral.

Le verre quadruple vola en éclats.

— Bravo, bravo ! crièrent les autres.

Lui, cependant, se déroba en triomphateur modeste à l'ovation et disparut par l'une des portes de la Préfecture.

— Mais c'est Romieu ! s'écrièrent-ils stupéfaits.

Le lendemain il y eut rapport — la ville porta plainte à M. le préfet, qui dit au commissaire de police :

— N'est-ce que cela, monsieur ? Le cas des réverbères n'est pas un cas de pénalité judiciaire à Périgueux ; c'est la seule ville, sachez-le, monsieur, qui n'admette pas la loi de rétroactivité.

Le commissaire confondu remplaça le réverbère de la Préfecture par une lanterne de corne grillée, à l'abri de tous les cailloux de Romieu.

Un beau matin, Romieu voulut jouer lui-même un tour à Dantan.

Dantan, retiré dans son atelier, où il vivait comme un ermite par les mauvais temps, savait Romieu par cœur, mais il ne le connaissait pas de vue, il n'avait jamais lu que son odyssée comique.

Tout d'un coup la porte s'ouvre et Romieu, l'ancien et illustre viveur, l'homme des parties soudaines, des lampions nocturnes et des épiciers honnis, entre chez Dantan.

C'était Léon X chez Michel-Ange; Dantan, homme poli, lui approcha un fauteuil gothique; le jour baissait, il pouvait être sept heures. Dantan alluma sa chandelle et envisagea les visiteurs.

L'ami qui accompagnait Romieu le présenta sous un nom et des titres imaginaires, mais celui-ci ne lui donna pas le temps d'achever, il déclara à Dantan qu'il serait fort aise d'avoir sa charge.

Le rendez-vous donné, Dantan le reçut comme il recevait tout le monde, moitié causant, moitié travaillant : il avait deviné qu'il avait devant lui Romieu, et avant que le préfet de la Dordogne fût parti, sa charge était faite.

Et quelle charge! Je laisse aux commentateurs à la décrire en vers. Imaginez-vous un lampion qu'un hanneton traverse à la nage; les antennes de l'insecte avancent comme pour le protéger contre les plaisanteries du *Charivari*, du *Vert-Vert* et autres journaux; sa croix d'honneur pèse sur son aile droite gonflée par le zéphir comme un ballon de Godard par le gaz. C'était une charge bouffonne, administrative et volatile. Il était impossible de mieux saisir la spirituelle et mordante physionomie de Romieu. Une bouteille de *rhum* et deux *yeux* ouverts expliquaient aux intelligences tardives cette exquise figurine.

Ce fut par elle que le spirituel Romieu enterra tout d'un coup les mille et une drôleries que la presse avait inventées contre lui, et dont il dut être l'auteur chaque fois qu'elles eurent du sel et de l'atticisme.

NOTICE

SUR

ROGER DE BEAUVOIR[a]

Né en 1809, fils d'un receveur général (Aisne) (1er empire), son oncle, M. de Bully, député du Nord (à la Restauration), élevé chez les Oratoriens de Juilly et plus tard avec la Rochejacquelin aux Jésuites de St-Acheul.

Son premier livre, *l'Ecolier de Cluny*. Voir à ce sujet la lettre d'Al. Dumas, dans le *Musée des Familles*, établissant la priorité du roman sur Gaillardet et la Tour de Nesle — Succès du livre et du drame. Les revues, *la Revue de Paris*, la première, s'attachent l'auteur. Nombre d'articles sur l'Angleterre surtout dans ces recueils.

La Mode, *la Revue de Paris*, *la Sylphide*, *le Siècle*. L'auteur avait habité Londres bien jeune et en oiseau de passage. Sa mère l'avait envoyé à M. le prince Jules de Polignac, qui le retenait déjà pour attaché d'ambassade, quand il se vit appelé au ministère et forcé de quitter son ambassade de Londres. R. de B.

La Lorgnette littéraire : **Roger de Beauvoir.** — Quel sang actif! comme il va! comme il vient! et toujours souriant! sa vie se passe à échanger des poignées de mains sur le boulevard, chez Tortoni et à l'Opéra.

(a) Cette note, écrite par Roger de Beauvoir sur lui-même, est reproduite d'après un document autographe.

Bien qu'elle ne soit pas achevée, nous pensons qu'elle intéressera nos lecteurs.

La bibliographie de ses œuvres, que nous donnons ensuite, permettra d'ailleurs de suivre l'écrivain.

Les quelques lignes de Charles Monselet, que nous tirons de *la Lorgnette littéraire* (Poulet-Malassis, 1859), remettront en la mémoire de tous l'homme remarquable qu'était Roger de Beauvoir.

Ces quelques lignes valent une eau-forte pour peindre ce brillant écrivain, qui est comme une personnification de son époque.

A ces documents, nous joignons une bibliographie de Mme Roger de Beauvoir.

Il ouvre la bouche et parle en vers, il ne se tait que pour boire du vin de Champagne.

Mais qu'il boit avec grâce et avec gaieté ! Où donc prend-il le temps d'écrire ce causeur, ce viveur, cet amateur de tableaux, ce voyageur, ce plaideur, ce duelliste ?

CH. MONSELET.

BIBLIOGRAPHIE

L'Ecolier de Cluny, 1 vol. in-8, gravures et cul-de-lampe de Tony Johannot, 1832, Ladvocat.

L'Ecolier de Cluny, 2 vol. in-18, illustrations de Tony Johannot, 1833, Ladvocat.

Pulcinella ou l'Homme des Madones, 2 vol. in-8, gravures sur acier, E. L. (Eustache Lorsay), 1834, Abel Ledoux.

Le Peloton de fil, 1 vol. in-8, Abel Ledoux, 1834.

Les trois Rohan, 3 vol. in-8, Dumont, 1836.

L'Auberge des trois Pins, 1 vol. in-8, Dumont, 1837.

La Cape et l'Epée, 1 vol. in-8. Poésies. Grav. de Célestin Nandeuil. Suau de Varennes, 1837.

L'abbé de Choisy, 3 vol. in-8, Dumont, 1839.

Le Chevalier de St-Georges, 4 vol. in-8, Dumont, 1840.

Id., 2e édit., 4 vol. in-18, illust. de Philippoteaux, Delloye, 1844.

La Complainte, 1 vol. in-12, R. de Grammont, 1842.

Ruysch, 1 vol. in-8, Dumont, 1841.

Safia, 3 vol. in-8, Dumont, 1842.

Le Garde d'honneur, 2 vol. in-8, Dumont, 1843.

Le Moulin d'Heilly, 2 vol. in-8, Dumont, 1844.

Mémoires de Mlle Mars, 2 vol. in-8, Gabriel Roux, 1845.

L'Ile des Cygnes, 2 vol. in-8, Dumont, 1846.

L'Hôtel Pimodan, 4 vol. in-8, Dumont, 1847.

Le Baigneur de Dieppe, 1 vol. in-8, Boulé, 1847.

Mon procès, Satires, à Corbeil, 1850, tiré à 100 exemplaires.

La Lescombat, 1 vol. in-18, Bourdillat, 1854.

Colombes et Couleuvres, poésies, 1 vol. in-18, Bourdillat, 1854.

Madame Denis, 1 vol. in-4, Boisgard, 1854, illustrations de Gavarni et Beaucé.

L'Opéra, 1 vol. in-12, Havard, 1855, 1 dessin de J.-A. Beaucé (Un duel de danseuses derrière le rideau) T. R.

Bébé ou le Nain du roi de Pologne, 4 vol. in-8, de Potter, 1855.

Camille, 2 vol. in-8, Cadot, 1856.
Aventurières et Courtisanes, 1 vol. in-18, Lévy, 1856.
Histoires Cavalières, 1 vol. in-18, Lévy, 1856.
Les Astèques, 1 vol. in-32, chez tous les libraires, R. B. non signé et répandu au moment du voyage et de l'exhibition des Astèques ou Aztecs en France.
Les Œufs de Pâques, 1 in-18, Lévy, 1860.
Les Meilleurs Fruits de mon panier (poésies), 1 in-18, Lévy, 1862.
Duels et Duellistes, 1 in-18, Lévy, 1862.
Les Soupeurs de mon temps, 1 vol. in-18, Faure, 1868, une seule édition.
Préface de *Les Armes et le Duel* de Grisier.
Id. des *Chansons de Mahiet de la Cheneraye*, 1 in-18, Vieillot, 1862.
Keapsecke, *Paris-Londres*, *Le Chevalier de Chabert*, nouvelle.
Dans le « Diamant à Dix Facettes », *O-Mi-To-Fo*, nouvelle japonaise, 1 in-8, 1842.
Dans les « Français peints par eux-mêmes », *Le Tailleur* et *le Touriste*.

THÉATRE

Un Dieu du jour, 2 actes, in-18, Giraud et Dagneau, 1850.
Le Neveu du mercier, 3 a., in-18, Marchand, 1843.
Le Chevalier de St-Georges, 3 a., in-18, Tresse, 1840.
Les Saisons vivantes, 1 a., in-18, Giraud et Dagneau, 1851.
Les Enfers de Paris, 5 a., Lévy, 1853.
La Raisin, 2 a., en vers, in-18, Lévy, 1855.
Les Femmes saucialistes, 1 a., Beck, éd.
Le Marquis en gage, 1 a., Marchand, 1838.
Le Cornet à Piston, 1 a., 1837.
Paris-Crinoline, 3 a., Lévy, 1858.

MADAME ROGER DE BEAUVOIR

Mme Roger de Beauvoir (Aimée-Léocadie-Doze), actrice et femme de lettres, est née à Pont-Kallecq (Morbihan), le 20 octobre 1823.

Elle reçut jeune encore les leçons de Mlle Mars et de Samson et débuta, en 1840, à la Comédie-Française où elle dut ses succès non moins à son talent qu'à sa beauté.

Après son mariage, elle quitta le théâtre et se tourna vers la littérature. On a de Mme Roger de Beauvoir plusieurs comédies : *L'un et l'autre*, joué aux Français ; *l'Amour à la Maréchale*, au Palais-Royal ; *Au coin du feu ; Dos à dos*, aux Variétés ; *Drelin-drelin*, aux Folies-Dramatiques ; *A deux pas du bonheur*, opéra-comique, musique de Félix Godefroy, etc. (1850 à 1855). Elle a signé divers articles dans les journaux et revues, entre autres : *Les Confidences et causeries de Mlle Mars*, dans *la Presse*, en 1854, et publiées l'année suivante sous le titre : *Confidences de Mlle Mars* (1855, 3 vol. in-8 ; 3e édit., 1857, 1 vol. in-16). Ajoutons à cette liste d'autres œuvres : *le Secret du docteur* (A. de Vresse, édit.), *Raphaël* (*Univers illustré*, 1858), etc.

TABLE DES MATIÈRES

CHAPITRE PREMIER

CHAPITRE II

14.

CHAPITRE III

CHAPITRE IV

CHAPITRE V

CHAPITRE VI

CHAPITRE VII

CHAPITRE VIII

CHAPITRE IX

CHAPITRE X

CHAPITRE XI

CHAPITRE XII

CHAPITRE XIII

CHAPITRE XIV

CHAPITRE XV

CHAPITRE XVI

CHAPITRE XVII

CHAPITRE XVIII

CHAPITRE XIX

Paris. — Imp. PAUL DUPONT, 4, rue du Bouloi. (Cl.) 5.6.97.

LE LIVRE DE LA GUERRE

« Que n'a-t-on pas dit, que n'a-t-on pas écrit sur la guerre de 1870? « Depuis vingt-cinq ans, on en parle tous les jours, soit dans la « presse, soit dans les cérémonies consacrées aux commémorations « patriotiques, soit dans les discours politiques.

« Innombrables sont les ouvrages relatifs à la terrible lutte où la « fortune de la France fut éprouvée si cruellement — et cependant « nous sommes venus jusqu'à ces derniers temps sans posséder une « œuvre d'ensemble exposant d'une façon complète, avec l'ampleur, « l'unité, l'impartialité et la compétence requises pour une histoire « proprement dite, la genèse et l'enchaînement des événements « de 1870-71.

« Il n'y a d'ailleurs pas lieu de s'en étonner. L'histoire, digne de « ce nom, ne s'improvise pas, car la pleine connaissance des faits « en est pour le moins un élément aussi considérable que la solidité « et la maturité des jugements. Et il faut du temps, bien du temps, « pour réunir toutes les données qui permettent de garantir l'au- « thenticité absolue d'un fait, de déterminer le caractère exact des « événements, de bien discerner les causes des effets ou récipro- « quement, et d'établir nettement les responsabilités.

« Chacun le sait de reste. L'esprit de parti, les ressentiments, les « vanités, les prétentions personnelles qui n'en sont pas moins « âpres souvent pour s'exercer dans le domaine rétrospectif, les « passions, en un mot, ne favorisent guère la manifestation de la « vérité — et le feu des passions ne s'amortit pas en un jour.

« Une bonne histoire ne peut s'écrire qu'à une distance raison- « nable des hommes et des choses dont s'occupe l'historien, alors « qu'il peut être réellement informé de tout ce qu'il doit savoir, « dans un milieu assez apaisé, à une heure assez calme pour qu'il « puisse mettre l'ordre voulu dans le bloc de matériaux nécessaire- « ment confus et trop mêlés en raison même de leur abondance, « qui s'offrent à ses investigations, pour qu'il puisse reconnaître « l'erreur et le mensonge, dispenser avec certitude le blâme et « l'éloge.

« Et si l'on a pu dire souvent que l'historien avait charge d'âmes, « cela n'a jamais été plus vrai que pour la guerre de 1870.

« Quand il s'agit d'un sujet comme celui-là, lié si étroitement à « l'existence de la Patrie, identifié en quelque sorte avec ce que « nous avons de plus cher, avec le souci sacré qui nous hante sans « trêve, un récit disert, sûr, exact, précis à souhait ne suffit pas. Il « faut que ce récit ait une âme, possède une conscience, respire la « foi, cette foi ardente qu'on ne doit jamais trouver un instant en « flagrant délit d'indifférence à l'endroit des défaillances et des « fautes commises, la foi qui a toujours la préoccupation du but à

« poursuivre, la foi qui fait naître l'espoir fervent et l'énergique « volonté de l'action future.

« Or, nous possédons maintenant une histoire de la guerre de 1870 « —une histoire que chacun peut consulter avec profit, où l'on peut « suivre la guerre sur tous ses théâtres, dans toutes ses phases, en « tenant toujours le fil conducteur de l'ensemble, une histoire ri- « goureusement documentée, consacrant aux événements importants « assez de développement pour en permettre une étude sérieuse, « écrite dans le meilleur esprit patriotique et militaire, qui, à la fa- « veur de la lumière qu'elle jette sur le passé, institue un enseigne- « ment précieux pour l'avenir.

« C'est à M. le commandant Rousset, professeur à l'École supé- « rieure de guerre, ancien combattant de 1870, blessé à l'ennemi, « fait prisonnier par les Prussiens, que nous devons cet excellent « ouvrage.

« M. le commandant Rousset, par la position qu'il occupe dans le « haut enseignement militaire, a été en situation de puiser aux « meilleures sources et de connaître à fond tout ce qu'il faut con- « naître pour savoir et dire la vérité définitive sur le rôle joué par « nos armes et sur les causes des défaites qu'elles ont essuyées dans « la grande lutte d'il y a vingt-cinq ans.

« Dans son grand ouvrage l'*Histoire générale de la guerre franco-* « *allemande 1870-71*, le commandant Rousset n'a pas seulement « présenté le tableau d'ensemble des opérations militaires comprises « entre le début et la fin des hostilités, en écrivant successivement « l'histoire des armées impériales, du siège de Paris et des armées « de province ; il a en outre traité l'art de faire la guerre, en montrant « la méconnaissance, l'oubli de ses prescriptions à l'origine de tous « nos grands revers, et il a enseigné d'abondance, si je puis m'expri- « mer ainsi, la nécessité qui s'impose à la France contemporaine « de se retremper dans l'esprit militaire, de tout subordonner à la « défense nationale.

« C'est pourquoi ce livre doit être lu, médité par tous sans excep- « tion.

« Aux citoyens et aux soldats, qui ne font plus qu'un aujourd'hui, « il apporte le ressort moral, la confiance en soi-même.

« Il leur apprendra à réagir contre les suggestions possibles du « découragement suite de l'acquiescement intime donné trop sou- « vent aux adversités qu'on s'est laissé trop de fois présenter comme « des fatalités inéluctables.

« Car il prouve que nous pouvions très bien ne pas être vaincus, « malgré une incontestable infériorité numérique dans l'ensemble « de nos effectifs ; car il indique les points et les heures où nous « pouvions combattre avec l'avantage ou l'égalité du nombre, si le « commandement avait eu plus de coup d'œil, plus de décision, plus « d'énergie.

« Trois fois, lit-on dans sa conclusion, nous avons dédaigné la victoire : à « Spickeren, à Rezonville, à Saint-Privat. Trois fois nous avons laissé l'ennemi opérer devant nous, sans inquiétude, une concentration qui lui donnait la supériorité numérique, et manœuvrer comme il l'entendait... Nous avons cons

« tamment abandonné à l'ennemi l'initiative des opérations et la faculté de les « conduire à son gré.

« Et par là se dégage cette leçon de premier ordre : le nombre est « sans doute un des facteurs appréciables du succès à la guerre, « *mais il n'est pas le seul et il se combine avec beaucoup d'autres « assurément plus importants.*

« Ces autres facteurs sont, avec la capacité et la science des chefs, « la souplesse et la cohésion parfaite de tous les organes du com- « mandement qui concourent à l'exécution d'un plan parfaitement « arrêté, net, précis, assez familier à l'esprit de ceux qui ont charge « de l'appliquer pour qu'il puisse être retouché, modifié partielle- « ment sur place, selon les exigences des événements, c'est-à-dire « adapté à telle ou telle circonstance particulière.

« Quant aux éléments qui tiennent à la personnalité du soldat, le « courage, l'énergie, l'endurance, le dévouement des officiers de « tout grade et des hommes, l'abnégation, l'héroïsme, tout ce qui « fait l'honneur et l'orgueil d'une race, c'est le trésor inépuisable « de la France dans tous les temps... Pour tout cela, nous avons été « aussi bien partagés il y a vingt-cinq ans qu'aux plus brillantes « époques militaires... L'œuvre du commandant Rousset l'atteste « surabondamment.

« L'*Histoire générale de la guerre franco-allemande* est le mieux « rempli, le plus étincelant des Livres d'Or. Elle ne tarit pas sur la « valeur déployée par nos troupes, sur la vaillance des villes assié- « gées, sur les merveilles de tout genre enfantées par l'opiniâtreté « de la résistance, au milieu de la population civile comme dans les « rangs des défenseurs du pays.

« En accordant à cet ouvrage une de ses plus hautes récompenses « l'Académie française lui a décerné une consécration classique « qu'elle mérite à tous les égards, car ce n'est ni plus ni moins qu'un « nouvel « Henri Martin », c'est l'Henri Martin de la guerre de 1870 « c'est-à-dire de ce qui nous intéresse le plus dans l'histoire.

« En y étudiant les causes réelles de nos revers, les jeunes géné- « rations y apprendront avec les hommes de tous les âges comment « on doit veiller sur la Patrie, à quelles conditions on aurait pu pré- « server la France des catastrophes qui lui ont été infligées et, par « là même, ce qu'il faut faire pour les réparer. »

THOMAS GRIMM.

(Extrait d'un *Premier-Paris* publié sous la signature de *Thomas Grimm* dans *Le Petit Journal* du mardi 25 août 1896.)

---

*Voir plus loin les grandes divisions de l'***HISTOIRE GÉNÉRALE DE LA GUERRE FRANCO-ALLEMANDE.**

« L'HISTOIRE GÉNÉRALE DE LA GUERRE

ET LA PRESSE

D'une manière unanime, la Presse a rendu hommage au trava laborieux, considérable et impartial de M. le commandant Rousse elle a salué l'*Histoire générale de la guerre franco-alleman* comme le livre définitif, justicier des événements de 1870-71.

Il faudrait plusieurs volumes pour réunir toutes les études, le appréciations, les chroniques que les principaux écrivains lui o consacrées dans les grands journaux de France, sans distinctio d'opinion, et dont voici une liste abrégée :

Le Figaro (sous la signature de « Ch. Leser »), 14 septembre 1895.
Le Gaulois (sous la signature de « Grégoire »), 18 décembre 1895.
Le Petit Parisien (sous la signature de « Frollo »), à propos d'un article d Woerth-Reischoffen.
Le Petit Journal (plusieurs fois sous la signature de « Elzévir » et u premier-Paris signé « Thomas Grimm ».
Le Jour (sous la signature de « Diès »), premier-Paris.
La République Française (sous la signature d' « Albert Tournaire »).
La Gironde, de Bordeaux (sous la signature du « colonel Denis »).
— — (sous la signature de « Jules Roche »).
La Revue des Deux Mondes, dans un article de « Melchior de Vogué ».
Le Polybiblion, *la Revue historique*, *le Petit Marseillais*, etc.

Enfin, un nombre considérable d'articles ont été publiés par :

La Vraie France, à Lille.
La Dépêche Lorraine, à Nancy.
Le Lyon Républicain, à Lyon.
Le Petit Provençal, à Marseille.
Le Petit Niçois, à Nice.
L'Avenir de la Vienne, à Poitiers.
La Dépêche de l'Est, à Reims.
Le Petit Rouennais, à Rouen.
Le Stéphanois, à Saint-Etienne.
Les Tablettes, à Saint-Quentin.
Le Bonhomme Angevin, à Saumur.
La Dépêche Petite France, à Tours.
Le Petit Troyen, à Troyes.
Le Progrès de la Somme, à Amiens.
Le Journal Maine-et-Loire, à Angers.
Le Petit Journal Maine-et-Loire, à Angers.
Le Charentais, à Angoulême.
Le Petit Manceau, au Mans.
Le Petit Centre, à Lyon.
Le Progrès de Lyon, à Limoges.
Le Soleil du Midi, à Marseille.
L'Eclair, à Montpellier.
Le Patriote Orléanais, à Orléans.
Le Petit Phare, à Nantes.
Le Petit Dauphinois, à Grenoble.
L'Electeur de l'Aisne, à Laon.
Le Petit Havre, au Havre.
Le Nouvelliste des Vosges, à Epina
Le Petit Bourguignon, à Dijon.
Le Petit Cambrésien, à Cambrai.
Le Petit Auvergnat, à Clermont-Fe rand.
Le Bonhomme Normand, à Caen.
Le Petit Calaisien, à Calais.
Le Réveil du Loir-et-Cher, à Bloi
La Petite Charente, à Angoulêm
L'Eclaireur, à Beauvais.
L'Eclaireur, à Châtellerault.
Le Petit Comtois, à Besançon.
Le Petit Patriote de l'Ouest, à A gers.
L'Écho du Nord, à Lille.
La Dépêche de Toulouse, à Toulou
Le Nouvelliste de Bordeaux, à Bo deaux.

www.ingramcontent.com/pod-product-compliance
Ingram Content Group UK Ltd.
Pitfield, Milton Keynes, MK11 3LW, UK
UKHW021130260726
13994UKWH00001B/84